ASSISI

UNA AVENTURA POR EL CAMINO ESPIRITUAL

Jorge E. Ponce de la Meza
Meche Zumaeta Urruchi

Publicado por Ibukku
www.ibukku.com
Diseño y maquetación: Índigo Estudio Gráfico
Copyright © 2020 Jorge E. Ponce de la Meza / Meche Zumaeta Urruchi
ISBN Paperback: 978-1-64086-764-2
ISBN eBook: 978-1-64086-765-9

Índice

Dedicado al Papa Francisco

La familia es como un espejo
que refleja el pasado, presente y futuro.

Nuestros agradecimientos a:

Jonathan y Nadia Carnes
Thomas Hansen
Asher Hansen
Paul Heuser
Carlos Parodi

Autores de referencia:

Hermann Hesse
Günter Grass
Julio Cortázar
Johann Wolfgang von Goethe
León Tolstói

Prólogo

Todo viaje significa desplazamiento y gasto de energía, mientras que el ojo se educa con lo que se conoce y contempla, el cuerpo disfruta y el espíritu se enriquece. Le presentamos nuestro viaje a Asís que, por las características poco usuales que tiene, fue una experiencia única que teníamos que contar; nos tocaron días de tormentas en una primavera lluviosa y bajo estas condiciones tratamos de describir el paisaje y las dificultades que se presentaban como consecuencia en las primeras etapas. Pero no sólo hubo dificultades de clima, para nuestra sorpresa caminamos un buen trecho del camino sin ver a otros peregrinos y siguiendo las huellas de otros que habían pasado días antes; el viaje también estuvo cargado de misterio con momentos de apuro y terror. A partir de la tercera etapa empieza la cercanía del contacto humano y la interacción social. Poco a poco el relato nos va llevando por caminos más estables y serenos, hasta que los valles se abren, el clima cambia y la bella Italia se muestra en todo su esplendor, el cuerpo se desplaza por la contradicción de las piernas y se recorre el paisaje a velocidad y todo se ve a escala humana; caminar requiere de nuestra propia sangre como energía y como motor el corazón que oxigena nuestro cuerpo. El lugar te ofrece sus productos que son tu alimento y su agua que se apropia de tu cuerpo y vas cambiando, haciéndote del lugar, y parte de su naturaleza. En los capítulos siguientes les narramos la interacción con algunos personajes, cuyo contenido nos parece de mayor interés en las últimas etapas antes de llegar a nuestra meta la ciudad de Asís; nos encontramos con que Gubbio está de fiesta y nos sumergimos en ese ambiente de júbilo que ha marcado nuestras vidas para siempre. Acompáñenos en el camino hasta el final para descubrir que no sólo tiene el sentido de aventura, que cada día te trae cosas nuevas y la sensación de nuevas posibilidades interminables; como aquella cadena de acontecimientos, aquel rosario de sucesos que nos ligaron desde la aparición de aquel hombre santo, San Francisco de Asís, que después de su peregrinación extendiera la mano cristiana hasta otras latitudes, entre ellas las que hicieran los misioneros franciscanos en el Convento de Ocopa del Valle Del Mantaro, en el Perú, desde donde los misioneros franciscanos, muchos de ellos sacrificando sus vidas, salieron hacia la amazonia en su afán de llevar la palabra de Cristo.

Meche Zumaeta Urruchi.

Pretender plasmar en el papel una experiencia vivida caminando por los caminos a través de los Apeninos sin caer en la mera descripción de lugares y paisajes, es todo un desafío; bastaría con una fotografía, cuya imagen vale más que mil palabras, pero se trata de contar las sensaciones de una experiencia que marcó para siempre nuestras vidas. Podríamos decir que el viaje proyectado no tiene fecha de nacimiento, pero de algún modo hay que empezar.

Assisi, Assisi yo quiero Assisi

Todavía recuerdo aquella tranquila tarde, sentado frente a la pantalla de la computadora, cuando vi el mensaje por una red social de Meche, mi amiga de la infancia que me pedía aceptarla como amigos; de esa manera reanudamos una vieja amistad, pues ya había perdido la pista de sus huellas desde hacía mucho tiempo. Vivía en Reno y yo en Utah y no estábamos lejos. Después de varios encuentros hicimos planes de viajes y empezamos conociendo los lugares cercanos y los Parques Nacionales y fue Mechita la que planteó viajar a Europa para hacer los caminos de Santiago de Compostela. El Camino Francés es el primero que hicimos, fue una experiencia que nos permitió fortalecer nuestra amistad y en el camino cada uno iba reconociendo al amigo de antes. Fue una experiencia que no sólo nos llenó el cuerpo de oxígeno, también nos sirvió para conocer León, el lugar de origen de mis ancestros y conocer La Madre Patria a ritmo de camino en un movimiento a escala humana. También nos pasaron cosas extrañas: encontrándome en Zubiri, salí del refugio para hacer algunas anotaciones y por alguna extraña circunstancia cayó sobre mi cuaderno una cruz del estilo que simboliza «El camino de Asís, la Cruz de Tau», pero en ese momento no la conocí de manera que me paré para saber cómo llegó a mí, pero no vi a nadie en el entorno; algunos días después, un peregrino nos contó sobre el Camino de Asís, desde entonces empezaron los planes para hacerlo.

Pasaron dos años de esa hermosa experiencia para retomar nuestros planes, llenos de alegría y con unas mochilas llenas de esperanzas salimos rumbo a Italia, la bella Italia con todos sus jugosos frutos y sus obras de arte; ahora esa tierra codiciada iba a ser nuestra. Nuestro primer punto de salida sería Dovadola, un pueblito al pie de los Apeninos; viniendo del Norte, las perspectivas se dibujaban magníficas. Los Alpes suizos y Tiroleses a nuestras espaldas, vestidos de niebla azul, al Oeste un horizonte recortado por lejanas torres y la planicie del Este hasta el Adriático. Al sur, las estribaciones de los Apeninos con un ropaje de bosques hasta las mismas cumbres, enjoyadas de iglesias, palacios, castillos y haciendas. Después de llegar a Florencia y cometiendo el pecado mayor de no recorrer la ciudad, pues de regreso ya tendríamos más tiempo para dedicarle unos necesarios recorridos, seguimos hasta la estación de Forsi y anduvimos todavía un poco perdidos en busca del bus que finalmente nos llevó hasta Dovadola, desde donde empezaríamos del camino. Casas de piedra por doquier, pisos de camino y calles adoquinados, un río que bajaba alegremente desde las montañas que nos miraban desde sus cumbres envueltas en niebla.

Las calles vacías no nos permitían averiguar dónde quedaba el refugio de peregrinos para obtener las credenciales, los mapas y planos necesarios; encontramos una farmacia de gente muy amable, la mujer hablaba español y llamó por teléfono a Paolo y Renata, que estaban encargados del refugio que se encontraba en un cuarto piso, subiendo por unas estrechas escaleras y que puso a prueba tanto nuestro estado físico como mi falta de entrenamiento, pues Paolo subió como una cabra y nosotros apenas podíamos seguirle. La gran sorpresa, contrario a lo que pasaba en España, fue el refugio estaba vacío, era todo para nosotros; la segunda sorpresa fue que cuando nos dieron las guías, pude ver casi con horror las elevaciones y las distancias a caminar, era cosa seria para mí y más aún para Mechita. Desalentado me puse a pensar, estábamos a doscientos metros y había que caminar subiendo y bajando entre los ochocientos y los mil quinientos en casi todas las etapas y casi no había camino llano en algunas etapas, hasta dos veces en un promedio de treinta kilómetros. Yo no estaba entrenado y para mí sería penoso. Me apresuré a plantearle a Mechita un cambio de planes: «Tenemos tiempo —le propuse a Mechita—, vayamos al "Camino Portugués" es más plano y será más placentero, sin mucho esfuerzo; este camino de Asís es demasiado, nos va a matar.» Mechita me echó una mirada incrédula y realmente creo que cuando uno no conoce esas dimensiones no las puede medir y Mechita es corredora de largas distancias y se obstinó: «Ya estamos en Italia —me dijo—, además, ahora estoy más preparada que nunca.»

—Pero Mechita, échale una mirada al plano— repliqué.

—No me importa Jorge —dijo—. Assisi, yo quiero Assisi.

Difícil hacerle cambiar el punto de vista, Mechita se lanza nomás. Toda su vida se ha lanzado a hacer cosas sin medir las consecuencias y no le había ido mal y esto para ella era una raya más al tigre que no la haría pantera. Además —decía—, contaba con la ayuda del Santo Francisco.

—Okey Mechita —dije—, pero cuando estemos en el camino, no quiero oír tus lamentos, tendrás que aguantar pues no hay etapas intermedias, todo es bosque de una etapa a otra.

—Sí, claro —contestó—, ya veremos. Tú calculas demasiado —dijo.

Más tarde volvió Paolo trayendo a Renata, su esposa, y después de una agradable comida, pasamos un buen tiempo conversando y Paolo nos dio indicaciones del camino y nos dijo que toda la semana iba a llover; dicho esto, nos apresuramos a buscar un par de paraguas portátiles de los que se achican.

Salimos temprano después de un frugal desayuno y bajo una copiosa llovizna. La calle empedrada nos mostraba al fondo un castillo, el pueblo había pertenecido a la región de Toscana, según nos dijo Renata, pero ahora pasó a ser parte de la Romania. Después de caminar unas cuadras por la calle, vimos las señales del camino que subía sinuoso por entre la montaña, empezamos a caminar y fuimos tragados por el bosque. La lluvia había logrado convertir los caminos en pequeños ríos de agua, cada sacudida de las ramas de árboles y arbustos era para recibir unos goterones de agua que nos caían sobre el mojado de la lluvia; pronto los zapatos se pusieron a prueba, se hicieron más pesados por el barro que se pegaba a la planta y para no mojar el bota pie de los pantalones, los metimos dentro de los calcetines. Mechita tomó la delantera, mi falta de entrenamiento se hizo evidente y salieron a relucir pensamientos agrestes.

—Espera Mechita, que estoy buscando la posibilidad de tomar una foto —dije—, pero ella ya estaba fuera de mi alcance.

Definitivamente los paraguas habían sido una buena compra, sin ellos la lluvia nos hubiera hecho sopa. Finalmente no encontré un claro y se frustraron mis deseos de tomar una foto de Dovadola desde las alturas; cuando ya estábamos muy en lo alto, finalmente se vio a lo lejos una torre del castillo. Encontramos una carretera por la que teníamos que seguir, no sin antes tener que bajar por un montículo de mucho barro. Mechita lo hizo con sumo cuidado y yo, impaciente, quise bajar a zancadas, resbalé y fui a dar al barro con toda mi humanidad. No quedaba de otra que echarse a reír. Mechita me echó al principio una mirada de preocupación, pero al ver que me levanté en el acto, puso una sonrisa de Gioconda.

—¿Estás bien? —me preguntó sarcásticamente.

—Nada que lamentar, Mechita. Caer en el barro es casi un colchón —repliqué medio avergonzado.

Seguimos todavía un buen trecho por la carretera, pero la lluvia se hizo más persistente. Suerte la nuestra (para Mechita milagro), en esos momentos apareció un camión que recoge la basura de las casas de campo y muy atento el chofer, que era Rumano, nos llevó hasta el fin del camino, no muy lejano, que terminaba en una iglesia; era Eremo di Sant' Antonio, que según el mapa estaba a un kilómetro del camino. Nos metimos a la iglesia y mientras Mechita entregaba sus plegarias, yo me cambiaba de ropa, que estaba mojada más por el sudor que por la lluvia.

Después de un descanso salimos a buscar las señales del camino o a alguien que nos diera referencias y olvidé las sudaderas que dejé secando en la iglesia, de ese modo entregué algo de mí a San Antonio. La lluvia se había calmado y después de medio kilómetro, apareció un auto. Mechita, que andaba con su poncho de un color encendido verde limón, les hizo la señal para preguntar; el auto paró mucho antes y salieron tres personas armadas de cámaras fotográficas y empezaron a fotografiar a Mechita, mientras ésta se esforzaba por preguntar por el camino echando en práctica sus lecciones de Italiano. Pero en vez de responder, ellos seguían con las tomas de cada palabra que decía, como si fuera posible fotografiar las palabras; finalmente uno de ellos preguntó: «¿De dónde son?»

—Venimos de Norteamérica, pero nacimos en Perú —contestó Mechita.

Después de un breve diálogo, nos señalaron dónde aproximadamente encontraríamos la señal verde y blanca del camino de Assisi, luego nos dijeron que eran reporteros de una revista llamada Touring y claro, ya habían hecho una buena cosecha de fotos con nosotros, que éramos los únicos caminantes. Mechita comentó: «les gustó mi rostro» —me dijo la presumida. Uno de ellos me dio su tarjeta que decía: «TOURING» y luego: «Il nostro modo di viaggiare» y más abajo «Tino Mantaro - Redattore» y otros datos.

Cerca de unas casas encontramos el camino a retomar y dale, pues nos esperaba aún una larga faena por caminos imperdonables. Habíamos, con mucho esfuerzo, logrado superar una colina; encontramos una pista asfaltada y cerca de ella, en lo alto de la colina, una representación en metal de un ciclista como estatua inmutable, testigo de nuestros esfuerzos y sacrificios. Ahí mismo, en presencia del ciclista, descansamos y comimos algo. Luego nos esperaba Monte Trebbio. Al fondo, encaramado a las faldas de una montaña, se veía un pueblito. Subir y bajar se hizo una constante que terminó minando nuestras energías, sobre todo en las bajadas le empezó a costar a Mechita, reflejo de otros tiempos cuando en los Pirineos franceses se le dañaron los pies. Por fin, después de tanto andar y andar, llegamos a partes más planas: «Agriturismo Pratello» decía el letrero que nos recibe con un portón enrejado; luego viene La Hacienda Montebello, muy hermosa con grandes bosques y perfumado ambiente, que se nos hace muy larga y más aún por la fatiga y agotamiento. «Ya estoy cansada». Era la primera queja que se le escapaba a Mechita. Yo le eché una mirada con una ceja levantada.

Después de atravesar lugares con casas de piedras derruidas, llegamos a una vertiente, allí tuvimos que buscar la ruta del refugio, un poco fuera del camino; se llama «Refugio Capannina» y finalmente la encontramos. Dos letreros de madera y uno al centro en forma de casita: «Azienda Agricola Refugio Capannina di Silvia Maria Chinagliglia - Tredozio (FC) www.capannina.weebly.com, luego más abajo Ospitalità Rurale Familiare» / Posto letto in camera comune, cena e prima colazione. 30 euro / per prenotazioni. Tel. 3332313800.

Un camino que se retorcía entre un huerto y una alameda de jóvenes árboles hacia el patio principal de las casas en el fondo, acompañada de una alegre arboleda, nos dieron la bienvenida. «Guau, guau...» un perro de voz cascada de tan viejo, nos anunció. Una antigua casona típicamente Italiana, pintada o más bien despintada de blanco, dejaba ver los restos pétreos de sus antiguos muros. Tocamos a una maciza puerta y salió un caballero que nos dio la bienvenida, acto seguido apareció Silvia, la del anuncio. Desde el principio, Silvia irradiaba simpatía y esto nos dio más confianza, hablamos en inglés al principio, pero por el acento se dio cuenta y cambiamos al español; después nos dijo que también hablaba alemán, además del italiano y también portugués porque era brasileña y por último francés.

—¿Pero qué hace una brasileña en los campos de Italia? —le preguntamos.

—La vida es una ruleta y a mí me tocó Capannina —contestó.

Todo en esa casa tenía una sencillez y armonía, un encuentro muy italiano de lo antiguo con lo moderno. Silvia nos mostró la cabaña para los peregrinos, hecha toda de madera, con un diseño tipo «A» y con grandes ventanales y un área de descanso en la entrada, bajo cubierta. Adentro todo estaba bien distribuido: en un rincón, una refrigeradora llena de bocados y bebidas con sus respectivos precios; sobre una mesa galletas y otras cosas más y una alcancía para depositar el dinero de lo consumido y no faltaba el gran libro para escribir el recuerdo de los Pioneros. El resto de la habitación lo completaban las camas.

—¿Les parece bien? —nos preguntó Silvia.

—Perfecto —dijimos.

—¿Qué les gustaría comer? —Mechita se me adelantó:

—Yo quisiera una sopa minestrone —pidió. Aunque yo no quería sopa, pero ya la patrona se me había adelantado y no me quedó más que asentir.

—Descansen un poco y si quieren la ducha, está dentro de la casa y hay otras en los baños de afuera, pero tienen agua fría.

Poco después, Mechita marchaba con Silvia dentro de la casa en pos de la ducha caliente. Al caer el sol de la tarde fuimos visitados por el gato. En el fondo no es que el gato tuviera interés alguno en darnos la bienvenida, sólo quería aprovechar el atardecer para echarse en su sillón preferido que estaba en la entrada de la cabaña, pero allí habíamos tendido nuestra ropa; el gato no ladró ni maulló y después de medir las posibilidades eligió otro lugar, ignorándonos en forma olímpica.

—Ya está lista la comida. —Se oyó la voz de Jean Carlo, el esposo italiano de Silvia que venía a anunciar que podíamos pasar a la casa. Fue tal vez una de las mejores impresiones del viaje, tal vez por las circunstancias, por el lugar tan acogedor y la sensación y recuerdos que se agolpaban en mi mente viendo ese calor de hogar después de una gran caminata bajo una inclemente lluvia. La vieja estructura de la casa con sus viejos muros, muy lejos de aquellas simples paredes sin textura, lisas y de un solo color y que no dicen nada; esos muros en cambio, hablaban por sí solos. El mobiliario que acompañaba y que rompía el adusto ambiente, iba acorde con el gusto italiano de combinar lo viejo y antiguo con lo nuevo y moderno. Casi todo giraba en torno a un gran comedor que se ampliaba inmediatamente a la izquierda de la entrada, una gran mesa de madera maciza escoltada por tres sillas de mimbre a cada lado, vestidas de cojines verdes y rojos y en la cabecera una silla roja; un piso de cerámica refractaria color terracota, los contornos de suave iluminación con muebles de madera de poca altura con canastas de frutas y equipos anticuados de radio y música. Unos cuadros de pueblos y casas que parecían en movimiento. El detalle estaba en tres grandes lámparas de cromo acampanadas sobre la mesa del centro, con diseño moderno y luz amarilla muy acogedora, que iluminaba con profusión la comida de llamativos colores, de los tomates, los quesos, verduras, el vino y el gran recipiente también cromado donde esperaba la sopa que perfumaba el ambiente. Esta combinación de lo antiguo con lo moderno y el colorinche de la comida, más parecía un festival de Rock en el Coliseo Romano.

—La mitad de lo que comeremos es de nuestra propia cosecha —dijo Silvia desde detrás de un pequeño mueble blanco que separaba la cocina del comedor—. Tenemos nueve hectáreas de tierra que nos producen casi todo lo que necesitamos comer, es un autoconsumo y compramos sólo algunos aditamentos y condimentos.

—Qué envidia, Silvia. Se han construido su paraíso en este rincón del mundo —dijo Mechita.

Pero apenas Silvia nos dijo que ellos ya habían comido y nos dijo, señalando con la mano, que podíamos servirnos. Con el hambre que teníamos nos dispusimos a atacar la sopa que Mechita había pedido. Ahí estaba, en su reluciente recipiente cromado y fue la primera víctima, como mismos bárbaros Atilas, no quedó piedra sobre piedra; bueno, la verdad es que estoy exagerando, no fue tanto así. Para mantener el toque de finura, hasta dejamos un poquito. Eso sí, de la mencionada sopa no quedó ni huella, pero además estaban los quesos, ensaladas, un quesito por aquí, una rodaja de embutido por allá, todo remojado con un buen tinto con el sabor de la tierra.

—Y dinos, Silvia. ¿Cómo es que llegaste a este rincón paradisiaco? —le pregunté a Silvia.—Vine de Brasil a estudiar en Alemania. En un viaje de vacaciones a Italia, fui a una fiesta y fue ahí que conocí a Jean Carlo y pues ese fue el principio de nuestra historia, en la que ya pueden dar ustedes rienda suelta a la imaginación, entre los viajes de idas y venidas, que terminamos casándonos para luego venir a vivir en el campo, lejos del bullicio de las ciudades.

—Pero Silvia, nos dijiste que eras de Sao Paulo, una ciudad del tamaño de New York —le dije—, ¿cómo has podido acostumbrarte a estas soledades?

—El amor, Jorge, el amor mueve montañas, no todo fue de color de rosa para mí, pero aquí me tienes, en mi paraíso, con mis hijos que tienen que salir temprano para ir a estudiar, rodeados de mis animales a quienes quiero muchísimo y visitados por gente como ustedes que nos traen sus mundos y sus ideas.

Mechita, que es la última romántica, ya estaba suspirando, mientras en mi mente surgía la voz de Nicola di Vari cantando: «Pueblo donde se nace, eres como el primer beso: no se puede olvidar...» Después de tanto hablar no caímos en cuenta de que necesitábamos dormir para salir temprano y nos habíamos endulzado con la conversación, de manera que tocamos la retirada; antes de salir Mechita le preguntó si tenía algo para el dolor de músculo, el roce del zapato le había dejado un dolorcito cerca del tobillo. Silvia sacó un pomito y se lo dio: «Frótate el aceite antes de ir a la cama». Mágico el remedio. Al día siguiente, como nueva, lista para un nuevo día de camino.

ETAPA CAPANNINA
- PREMILCUORE

Después de un desayuno frugal pero cargado de energéticos para las pilas de nuestro cuerpo, caminar entre montañas pobladas de árboles. Subíamos por una carretera que bordeaba las tierras de Silvia, con tierras bien labradas sin faltar los venados libres como el viento; se podían ver las casonas con diferentes diseños como en las revistas de modas, el camino nos llevó hasta encontrar otras carreteras que se cruzaban.

Llegados a un punto en el que se abre el horizonte, vimos tierras cercadas con mallas y detrás de ellas un avestruz; era una crianza del ave más grande del mundo, traída posiblemente del África o tal vez ya eran italianas. Caminábamos sin hablar mucho a diferencia del «Camino de Santiago», que es plano y te da tiempo para el diálogo con mucha gente; éste, en cambio, era solitario.

Meche iba cantando unas cancioncillas que le venían a la mente. Tras caminar unas tres horas, fuimos bajando a un vallecito que nos recibió con un letrero: «Portico di Romagna». Lindas casas de un pueblito con jardines bien cuidados, pasamos un puente y el riachuelo nos dio un masaje audible y refrescante y llegamos a una plazuela donde se desarrollaba un mercadillo. Automáticamente y sin pensarlo dos veces ya estábamos en la cola para comprar fruta fresca del lugar. Luego, cruzando la plazuela, había un café con mesas en la vereda; elegimos una para comer y tomar un cafecito con pasteles, mientras de lado fuimos el tema de un grupo de viejos y curiosos que estaban sentados sin consumo alguno. Comimos contemplando la plazuela frente a nosotros, la plazuela tenía una estatua de un hombre joven y la bandera «se parece a la bandera de México,

con la diferencia que la Mexicana tiene el águila como escudo»
—dijo Mechita.

Llegó entonces el momento en el que nuestras miradas se
cruzaron y se encontraron con las de los curiosos sentados al
lado nuestro.

—¿Por qué se llama «Portico di Romagna», era acaso la
puerta del Imperio Romano? —les pregunto tan sólo por buscar la conversación.

—No, no es por eso, es otra historia y de ese modo se desa-
rrolla toda una temática que termina en una foto para el recuerdo y un adiós con muchos augurios. Sigan nomás por esta calle,
irán bajando hasta cruzar un puente, ahí empieza el Camino de
Assisi —nos dijeron y chao.

Seguimos por la calle que se retorcía entre otras más angos-
tas, construcciones de dos o tres pisos con balcones recargados
de flores; la calle en su recorrido cuesta abajo se encontraba con
otra y ambas se juntaban para pasar por debajo de un gran arco
de piedras que servía de base y sostén a una casa, pero luego la
calle se ampliaba y nos presentaba toda una gama de lujos. Nos
hablaba de Beatrize (Bice, la hija de Folco Portinari di Romagna) y de Dante Alighieri y nos mostraba sus joyas envueltas en
perfumados balcones floreados y torrecillas con campanarios;
edificios con faroles y banderolas y arcos mostrando las pastele-
rías y cafés, además de una calleja que descendía abruptamente.
El olor a vainilla y café te llamaba en cada restaurante.

«Portico il paese di Dante e Beatrice» es el mensaje que
muestra la puerta de un café. Mientras leía, Mechita coquetea-
ba con un bandido italiano que le había puesto el ojo.

Portico: Il Paese di Dante e Beatrice

Un'antichissima leggenda popolare vuole che Dante Alighieri abbia incontrato Beatrice Portinari a Portico. Ma resta una bella leggenda, perché Dante stesso nella 'Vita Nova' racconta di aver incontrato per la prima volta Beatrice a Firenze sul Ponte Santa Trinità, all'età di nove anni, e una seconda volta a diciotto. Perché allora la leggenda? Perché un fondamento di verità storica ci potrebbe essere. Infatti, alcuni documenti storici dimostrano che la famiglia fiorentina dei Portinari possedeva delle case fin dal 1265 a Portico, dove sarebbe nato Folco, il padre di Beatrice. Folco divenne poi a Firenze priore e ricco banchiere, tanto che, prima di morire nel 1289, fondò l'ospedale di S. Maria Nuova. Folco Portinari a Portico non aveva solo il palazzo omonimo ancor oggi esistente (ricostruito nella forma attuale verso la fine XIV - inizio XV sec), dove i discendenti sono vissuti fino al XVIII secolo, ma anche molti altri possedimenti e torri fortificate nella zona, come luoghi di difesa, rifugio e «per vacanze in campagna o per la caccia al lupo».

The salutation of Beatrice

L'ipotesi allora è: se Folco Portinari soggiornava spesso a Portico, probabilmente anche la giovanissima Beatrice seguiva la famiglia. E Dante, innamorato, forse l'avrebbe seguita "in vacanza d'amore". I documenti storici però dicono che Dante arrivò in queste zone, in particolare presso l'abbazia benedettina di San Benedetto in Alpe e il suo eremo sopra la cascata dell'Acquacheta (Inferno, XVI, 92-102), località ancor detta Romiti, come esule nell'estate 1302 (vedi il convegno dei fuoriusciti Guelfi Bianchi dell'8 giugno nell'abbazia di San Godenzo), rimanendovi fino alla primavera del 1303, quando Beatrice era già morta (1290) a soli 24 anni, moglie del banchiere Simone de' Bardi, come racconta Giovanni Boccaccio, venuto a Forlì, Portico e San Benedetto in Alpe per commentare la Divina Commedia.

Stemma dei Portinari

immagine: Dante G. Rossetti

IL CAMMINO DI DANTE
Associazione "Il cammino di Dante"
A cura di Quinto Cappelli

—¿Puedo tomar una foto? —le pregunté.

—Avanti —me dijo. En la foto se ve al lado del menú y en metal un letrero que simula un antiguo pergamino semi enrollado, imitando los rollos de mensajería de las épocas de los reyes feudales.

Más allá la calle se hacía más angosta y descendía hasta el río, siempre con la misma tónica de flores y maceteros por todos lados. Fotos y más fotos, cómo nos gustan las fotos a los hispanoamericanos; pero en fin, ya no tenemos remedio, somos figureti. Finalmente, el puente de piedra y de un sólo arco. Cruzamos y vimos cómo se apretujaban las casas frente a nosotros con sus balcones que miran al río; más allá empezaba el camino otra vez entre el bosque hasta los setecientos metros. Sufrimos un tormento pues era la segunda vez que remontábamos la montaña. Pasado Monte Orlando, llegamos a un sembrío de trigo con un espectáculo alucinante, el viento jugueteaba con el plantío formando olas.

Cuando llegamos a Premilcuore, el pueblo se nos hizo largo, tal vez por lo cansados que estábamos y avistamos las agujas de la torre de una iglesia de la que oímos el tañido de las campanas. Llegados por fin al refugio, había un letrero con un número de teléfono y un mensaje. Llamamos y una voz de mujer nos dijo en italiano que si no queríamos esperar fuéramos doscientos metros más por las llaves a una librería. Franca, así se llamaba la guapa que nos atendió y nos informó dónde comer y otros detalles. Después de una ducha y descansar una media hora, el hambre tenía más fuerza que el cansancio y nos lanzamos en busca del lugar que no estaba muy lejos. «Barriga llena corazón contento». Hicimos una sobremesa charlando con el primero que se nos cruzó, saliendo del lugar caímos en cuenta de cuán bello es el lugar, que por el hambre que traíamos, no pudimos apreciar. Un telefonazo y teníamos a Franca que nos invitó a un paseo al atardecer para conocer el pueblo. Mechita declinó, se sentía muy cansada, de manera que fui solo; toda una delicia estar acompañado por esa bella muchacha que me contó los detalles de la ciudad, una pizza en las alturas y de regreso una foto y chao. Campamento, a dormir se ha dicho. Caí sobre la cama como una tabla mientras Mechita se encontraba en los brazos de Morfeo.

PREMILCUORE CORNIOLO

Al día siguiente, después de desayunar, salimos siguiendo la orilla río arriba del Fiume Rabbi, que venía cargado por las lluvias; encontramos que muchos arroyos se habían salido de sus cauces, de manera que nos dimos a la tarea de cruzar a saltos o también utilizando troncos. Por los pedrones, esto para Mechita era una nueva experiencia, tarea que felizmente terminó pronto al subir el camino un poco hacia las montañas; unos cazadores se nos cruzaron y pasaron en un Land Rover, más allá un hombre que jalaba tres caballos y otro que los seguía. De pronto el camino subió trepando la montaña, pero las raíces de los árboles se nos cruzaban; ahí necesitamos no uno, sino dos palos que nos sirvieron de bastones, pues los que traíamos los dejamos olvidados, de manera que eran palos, o sea, ramas de árboles que habíamos encontrado y adaptado. Se portaban de maravilla. Uno de ellos, el que usaba Mechita, lo encontramos ya adaptado a un lado del camino, hasta tenía un forro de tela en el mango y era de una caña que no pesaba y así fuimos subiendo. Aparecieron dos hombres con sendas canastas:

—Recolectamos Champiñones y hongos —nos dijeron y nos mostraron unos siete o más, eran muy cotizados para las comidas.

Habíamos dejado atrás la atmósfera de las urbes y pueblos y a cada paso que nos alejábamos de ellas, el aire era más claro, puro y limpio y también más enrarecido por la altura; yo empecé a sentir los olores con mayor intensidad. Al sentir las fragancias de las flores primero en el camino cerca al río y los árboles en las partes altas, empecé a sentirme con mayor energía, con los sentidos despiertos, como hace algunos años atrás. Como ya me había pasado antes, cuando caminaba después de tres o cuatro días, me iba sintiendo en mejores condiciones para caminar, ya no me costaban mucho las subidas y recobraba la ligereza de aquellos tiempos cuando vivía en el campo.

Llegamos hasta los mil doscientos metros de altitud y anduvimos por las cimas de los Apeninos, entre bajar y subir, a Mechita se le estaba haciendo agotador porque tenía sed y ya habíamos acabado con la poca agua que traíamos; había mucha agua en el entorno, pero ella no confiaba en que estuviera saludable y se resistía a tomarla, de manera que tenía que aguantar y para un caminante estar deshidratado es lo peor, ni siquiera teníamos esas tabletas para desinfectar el agua. Ya estaba Mechita al borde de rendirse a tomar el agua de las montañas, cuando aparecieron dos muchachos jóvenes en sendas bicicletas montañeras y Mechita les llamó y les pidió un poco de agua. No sólo le dieron toda el agua que tenían y que alcanzó para mí también, sino que le dieron unos comprimidos de comida seca, con miel y yogurt.

—Grazie molte grazie brava gente —les decía en italiano—, ci hanno salvato la vita y bla, bla, bla —decía Mechita, pero efectivamente, como magia, el agua y la comida nos dieron la energía suficiente para acelerar la caminata. «Es un milagro —dijo Mechita—, San Francisco me está protegiendo».

Llegamos a un camino carrozable: «Carria forestale», decía un letrero. Seguimos un largo camino bajando y Mechita empezó a perder el paso, yo para forzarla a seguir, me iba adelante y esperaba; cuando la veía venir, empezaba a caminar nuevamente. Tras seguir un tramo, vimos muchos letreros que indicaban zona de trabajo forestal y vi alguno que decía: «No seguir» y como estaba en italiano y no se oía ningún ruido, seguí caminando, todo estaba calmo.

—Dice que no se puede pasar —me dijo por fin Mechita, pero no le hice caso y seguí caminando entre pinos gigantescos.

Llegamos a un lugar con rejas metálicas y una gran máquina, como un monstruo, un dinosaurio que come árboles, pero todo estaba en silencio y no se oía a nadie por ningún lado. De pronto vimos un cable teleférico que me trajo el recuerdo de «Zorba el griego», un antiguo film en blanco y negro.

—Jorge, no me escuchas, los letreros dicen que no se puede pasar —me volvió a decir Mechita.

—Pero no quedaba otra que seguir para adelante —le dije.

Las señales del camino nos habían llevado hasta allí y entonces ¿qué hacer? no había nadie que nos dijera cómo pasar, de manera que como dicen: «no queda otra que tirar para adelante». El único temor que tenía era que nos encontráramos con perros, pero nada de eso ocurrió y pudimos seguir.

Pasada la zona, había una larga carretera que iba culebreando por las colinas y ya nos estábamos cansando otra vez. Mechita se sentó a descansar y yo seguí, luego la esperé y cuando apareció seguí caminando y así uno tras otro tramo. Llegué a una pila de troncos y allí me senté para comer un poco de fruta seca y esperar a Mechita, pero se demoraba; seguí esperando, pero nada, ni señales. Tras un buen tiempo empecé a preocuparme, decidí ocultar mi mochila y regresé a buscarla, ya casi al medio kilómetro y llegando al último punto en que la vi, noté una señal verde que señala otro rumbo del camino a seguir y que yo no vi y tomé el rumbo equivocado y deduzco que Mechita lo vio y se fue en esa dirección. Entonces tuve que ir a buscar mi mochila y regresar angustiado para seguir la señalización tan rápido como podía; seguí cuesta abajo el camino que culebreaba por terrenos cascajosos, pantanosos con grandes roqueríos, entre bosques inundados por canales de agua, todo pasaba como en un santiamén. Ya en los falderios de la montaña, había una especie de pequeña laguna y una casa, no había nadie en ella, estaba deshabitada y seguí por pastizales inundados hasta llegar al camino asfaltado que tras un par de zigzags, me dejó en el pueblo de Corniolo. Encontré fácil el refugio en el que no había nadie. ¿Entonces, Mechita dónde está? Busqué a alguien que me diera información y las encontré, había tres personas al lado del refugio en una casa; conseguidas las llaves del refugio, les pedí que me ayudaran a ubicar a mi compañera.

—Tiene que estar por allí cerca —me dijeron—. Sólo hay dos caminos.

—Sí, pero yo no la vi en ninguno de los dos —les dije.

Uno de ellos se ofreció a buscarla primero en su auto antes de dar la alarma general. Es increíble la gente de los pueblos italianos, siempre prestos a ayudar. Antes de partir le mandé un mensaje por el celular a Mechita a pesar de que sabía que el de ella no funcionaba en Europa, de todas maneras, lo mandé.— Podemos ir por la carretera hasta el punto en el que tú la dejaste por última vez —me dijo señalando el punto en el mapa.

Salimos a toda prisa y cuando ya estábamos muy cerca de los troncos en que yo esperé casi como último punto en el que la vi, recibí un mensaje de respuesta de Mechita: «Jorge ¿dónde estás? Yo estoy en la puerta del refugio» —decía el mensaje. Me regresó el alma al cuerpo y ya más tranquilos regresamos conversando de la extensión nueva del Parque Nacional cercano.

—Está bien Mechita, yo cometí un error y me fui por el camino equivocado, pero cuando regresé y tomé nuevamente el camino, no te vi por ningún lado, ¿dónde estabas? tienes que haberte salido del camino —le dije.

—Fue sólo un momento en el que vi a dos personas y me salí del camino para preguntar si te vieron, justo en ese momento tú pasaste sin verme —contestó.

—Okey, pero hay algo más, tú me dijiste que tu celular no funciona y sin embargo contestaste el mensaje que te mandé, ¿puedes explicarme eso? —le pregunté, a lo que contestó:

—Es un milagro.

—Préstame tu celular —le dije y me mandé un mensaje, pero nada. «Aquí hay gato encerrado». pensé.

Corniola es un pueblito que está en los falderios de las montañas y las calles trepan sembradas de casas que miran al fondo de otro valle que muestra sus lejanos y aserrados horizontes; en la mitad del pueblo está la infaltable iglesia, las tiendas y dos restaurantes. Buscamos el más cercano, pero era muy temprano para comer, había que esperar y regresamos al refugio. En el camino vimos a un grupo de adolescentes y Mechita les preguntó por una farmacia.

—Aquí no hay farmacias —le contestó una chiquilla.

—¿Cómo que no? ¿entonces qué hacen cuando alguien se enferma?

—Tiene que ir al próximo pueblo —le contestó.

—Entonces ¿dónde puedo comprar un protector solar? —preguntó Mechita.

—No te preocupes, yo te los doy —le contestó Marta, que así se llamaba la italianita.

Para sorpresa nuestra, después de algún tiempo Marta regresó con su padre para ofrecerle que escogiera entre tres diferentes marcas que le ofrecían. Mechita no pudo más que aceptarlo de regalo pues no aceptaron ningún dinero por el costo del producto.

—Qué hospitalidad de los italianos del interior del país —dije y como respuesta recibí una mirada piadosa. Entonces agregué:

—Mechita, tú ya te pareces a mi abuela cucufata con que tu Santo anda suelto haciendo milagros y ves milagros por todos lados, cuando en realidad es la característica de esta sociedad —dije.

—Pero no olvides que es una sociedad muy cristiana —arguyó.

Ya en el refugio le preguntamos al encargado si había máquinas para lavar ropa.

—Sí, dentro hay agua y ustedes tienen dos máquinas —nos contestó mientras mostraba las manos.

La verdad es que ya habíamos olvidado los oficios de la vida rural de antes, cuando las ropas se lavaban a mano. Descansamos y luego de ir a comer en un precioso atardecer, nuevamente nos encontramos con los amigos encargados del refugio y les preguntamos por dónde iba la ruta del camino y nos indicaron señalando las montañas del horizonte:

—¿Ven esa línea que sube hacia la cumbre de la montaña del fondo? pues bien, el camino va paralelo, sólo que es difícil verlo desde aquí —nos dijo—. Tienen que subir hasta los dos mil doscientos metros y luego de caminar otro trecho se sube hasta los dos mil quinientos metros hasta Poggio Scali; luego viene la bajada, se ve fuerte y son 25 kilómetros de trayecto.

Después de secar la ropa con los cimbreantes fuegos de la chimenea, nos fuimos a dormir temprano a pesar de las invitaciones para unas charlas en el salón mayor.

ETAPA CORNIOLO CAMALDOLI

La caminata se sentía cada vez más ligera, el cuerpo y los pies tomaban su ritmo automáticamente y le dimos duro hasta llegar a un quiosco en pleno camino del bosque donde tomamos un reconfortante desayuno. El sol brillaba con prudencia, era una mañana fresca, clara y sin viento; muy cerca podía reconocerse el frondoso bosque del «Parco Nazionale delle Foreste Casentinesi», la carretera subía culebreando y se sumergió en el bosque. En cierta parte nos ofreció la vista de una cascada de uno de los tantos arroyos, íbamos contando las partes dañadas de los barandales de la carretera en las que posibles descuidados o soñolientos conductores fueron salvados de una caída al fondo, donde corría el riachuelo. Llegamos a cierta parte llamada «Passo della Calla», el camino se separó de la carretera en ese punto; una tormenta refrescante al principio, con aguacero y soberbio redoble de granizo nos brindó una función bastante prolongada. A lo lejos, los pájaros eran testigos de dos paraguas que luchaban contra el temporal e iban subiendo por el filo de la montaña. Un letrero anunciaba: «Passo della Calla 2000 mt.». Mechita pegó su grito apache desde dentro de su poncho amarillo limón, el viento se portó como si Eolo, el Dios de la Mitología, hubiera soltado a los Anemoi y a todos los vientos. Como no le dimos importancia, el viento se sentía ulular y quería arrebatarnos los paraguas, que ya se habían volteado varias veces; aun cuando estábamos caminando por la cresta de la montaña, teníamos charcos que crecían, ya al medio día la tormenta había desatado sus furias. Del lado izquierdo, el viento nos azotaba con aguanieve y se sentía helado, tuve que cerrar un poco el párpado izquierdo para proteger mi ojo, de manera que caminé con más cuidado; aferrados a nuestros paraguas que apuntaban en contra de la fuerza del viento, avanzamos en un eterno subir y bajar, nos cruzamos con un grupo de personas mejor armadas que nosotros para estas tormentas. Apenas un saludo con la mano.

—¿Viste qué tal equipo? botas y ponchos —fue el único comentario.

En cierta parte se veía un musgo que envolvía las piedras, pedrones y árboles, otro letrero decía: «Poggio Scali 2500 mt.». Había un poco de nieve en el piso, ya empezábamos a bajar caminos con mucha agua y lodo conforme bajábamos y así dale que dale, «bate que bate el chocolate». Ya sentíamos que faltaba poco cuando nos encontramos en un bosque de grandes árboles, muchos de ellos recientemente caídos; algunos de sus troncos cruzaban el camino y había que treparse para pasar, las raíces rotas y las ramas verdes nos decían que era reciente, tal vez de algunos días o más recientes. Era extraño ver esos gigantes caídos.

Dejó de llover y los pájaros nos ofrecieron un concierto de consuelo a nuestras penalidades, si no fuera por el lodazal, estaría disfrutando en pleno. De pronto y sin mayores preámbulos, el camino nos puso frente a un muro pétreo, escuchamos el tañido de campanas y el muro nos condujo a un estacionamiento de autos de Eremo Camaldoli, era una hermosa vista del convento, pero aún quedaban siete kilómetros que se nos hicieron fáciles con las incomparables vistas del Parque Nacional. Llegados a Camaldoli Mechita, tiró a la basura su paraguas que el viento había destrozado. Camaldoli es sólo una calle que tiene hostales, hoteles, una panadería, una posta médica y el puesto de Carabinieri, como así llaman a la policía. La mayor parte del pueblito la ocupa un convento religioso, que da refugio, pero nos dijeron que no habíamos llamado por teléfono y no había lugar para alojarnos. Mechita ya había hecho una amiga que se ofreció y nos ayudaría a buscar otro refugio, se llama Valentina

Ferrarini, con quien salimos del convento y se fue con Mechita en busca de su auto. «Espéranos aquí frente a la panadería». me dijeron.

Muy obediente me paré y empecé a sentir los olores del café con vainilla y pasteles que me jalaban de la nariz, como pez que mordió el anzuelo, fui atraído al interior, donde las tentaciones vestidas de colores y sabores se exponían en forma de panes y pasteles; ya sin ánimos de resistencia y vencidos los frenos, hice un pedido y le dije al que servía que me ayudara con lo mejor y capuchino para llevar. Cuando estaba todo empaquetado y listo, aparecieron Mechita y Valentina que me apuraban desde dentro del auto, busqué de prisa en mis bolsillos para pagar y no encontré dinero suelto, entonces saqué un billete de doscientos y se lo di al cajero, que era el único que atendía. El hombre me dijo que no tenía para dar vuelto a esa cantidad, entonces le dije:

—Tendré que cancelar la compra porque no tengo dinero en menor cantidad.

—No —me dijo—, lléveselas de todas maneras, tiene que probarlas. Y me entregó dos paquetes y los capuchinos.

—Molte grazie —le dije llevándome la mano al corazón—, non dimenticheremo mai questo favore. Ciao, ciao, arrivederci.

Valentina Ferrarini un verdadero ángel con lentes que, según Mechita, nos enviaba el Santo Francisco, nos llevó en su auto de aquí para allá, buscando un refugio. Después de otro fracasado intento, finalmente encontramos en un retirado convento de monjas, en medio de un bosque de pinos, un lugar de ensueño para un cuento de hadas. Valentina nos sirvió de intérprete y hechos los tratos llegó el momento de despedirnos de tan bella persona. Ahora me doy cuenta de que existen los Ángeles, muy a mi estilo, claro, y no necesariamente tienen alas (o tal vez yo no pueda verlas), pero en este caso hasta usan lentes.

EL CONVENTO DE MONJAS

Aunque tomemos la decisión de planificar nuestros pasos en la vida, «la vida misma es todo un canto» que se encargará de presentarte nuevos desafíos que terminarán desechando tus planes. Quién iba a pensar que una tormenta fuera la respuesta que cortaría el hilo de lo que pensábamos hacer, no sólo era cuestión de espacios, era también de tiempos y de energías gastadas; tantas coincidencias hacían tambalear mis concepciones de la vida y mi modo de pensar, mi agnosticismo, ¿es que en verdad éramos objeto de fuerzas superiores? ver la fe ciega de Mechita y las coincidencias. El lugar se prestaba para meditar con calma en aquel convento perdido en medio de un bosque con una pequeña carretera que lo conectaba con el mundo; entonces era cierto que este camino, más que disfrute y socialización, era una ruta espiritual, el encuentro consigo mismo, la prueba de lo pequeño que somos. Vivimos refugiados bajo un techo seguro, sentados frente a la pantalla y repitiendo cada día el mismo ritual de millares de seres hasta lograr la destrucción de sus sueños y energías que se gastan inútilmente en las fajas de los gimnasios, pero hay quienes sienten que ese no es el fin que persiguen y se ahogan en una vida que aumenta sus miserias, el aislamiento los conduce a una soledad en medio de la multitud. L'Oasi Divin Maestro casa di Accoglienza» así se llamaba aquel rinconcito en el que, atrapados por las tempestades, pasamos dos días; el lugar del alojamiento para los peregrinos estaba a unos cien metros de la casa donde vivían y trabajaban las monjas. Después de recibir las instrucciones que nos dio la Hermana Polonia, nos llevaron al lugar del refugio; era amplio y con muchas habitaciones, pero como siempre, éramos los únicos y tuvimos la oportunidad de escoger una de ellas. Nos dijeron las horas de las comidas y se fueron, una ducha, masajes en los pies y a descansar un poco. Pasadas unas horas el cuerpo pidió recuperar lo gastado y lo hizo mediante el medio más efectivo: el hambre. Ya casi era hora de comer y salimos con un cuerpo que no quería moverse más, todo pesaba y costaba trabajo cada paso; afuera la lluvia no se apiadaba de nosotros y sólo contábamos con un paraguas, el otro lo tiró Mechita a la basura. Mechita no sólo se guarecía, sino que se colgaba de mi brazo que iba conectado a un cuerpo agotado y no me quedaba otra que tirar para adelante.

Había mucha agua que corría cerca de la puerta del convento, pasamos sobre piedras y palos; una vez dentro de la casona del convento, el ambiente no podía ser más acogedor, tibio y abrigado. Ya se sentía el olor de la comida. Después del mostrador de atención, le seguía una pequeña sala donde se mostraban las obras producto de trabajos que hacían las monjas para los rituales de la iglesia, instalados detrás de grandes vitrinas: ropas para la misa, copas y cálices, crucifijos, en fin, obras de arte hechas a mano. Nos invitaron a pasar al comedor, muy amplio y con grandes ventanales al jardín. Había como unas diez mesas en total pero sólo usaremos cuatro, una para los peregrinos, la otra para las monjitas y dos para la comida que se exponía tentadoramente. Nos invitaron a servirnos, pero había que esperar a que ellas se sirvieran y había que rezar; luego ellas cantaron algunas canciones religiosas mientras a nosotros se nos hacía agua la boca con el hambre que traíamos. Por fin, cuando terminaron nos dijeron: «sírvanse». Fue para nosotros una prueba de templanza que puso en contradicción el cuerpo con el alma, el cuerpo pedía apurar la comida y el alma en cambio disfrutaba de aquel ambiente que nos traía el recuerdo de los colegios religiosos donde estudiamos años atrás, en los que eran usuales esas normas antes de las meriendas.

Atacamos pues la comida con casi desenfreno, había sin embargo que llevar a cabo la interacción social, o sea conversar y fue la Hermana Polonia la que en un principio nos sirvió de intérprete para el desarrollo de los diálogos. Se habló del lugar y las monjas nos contaron de la visita de los venados al jardín, de las liebres, los pájaros etc. Pasamos a lo que ellas hacían y su actividad productiva, pero con el inglés sólo tres o cuatro de nosotros podíamos dialogar fluidamente y a cada momento se cortaba para ser traducido al italiano, pero poco a poco nos dimos cuenta de que las monjitas podían entender cuando hablábamos directo en español; era lógico, ambas son lenguas Romances, cuyos orígenes fueron el Latín, mientras que el inglés tiene como lengua madre el alemán y lenguas normandas además del Latín, de manera que hablando el español con pocas palabras y ayudado con las manos, vi claramente que las demás monjitas que hablaban italiano asentían y gesticulaban dando a entender que los italianos se las arreglan para entender directamente el español.

—Me llamo Mercedes —les dijo Mechita y las monjas la llamaban «Merchedes» y yo quedé feliz de que me llamaran «Giorgio». El hilo de la conversación nos fue llevando al tema personal y a contar cada uno un poco de nuestra propia historia: Nacimos en Perú y estudiamos ambos en colegios religiosos católicos. Merchedes (la llamaremos así desde ahora) en el Colegio María Auxiliadora y yo en el Claretiano de Huancayo. Todo bien hasta que nos hicieron la pregunta inevitable:

—¿Por qué hacen el camino de Assisi? es conocido que muchas personas lo hacen como peregrinación y otras como sacrificio por alguna falta cometida.

—Cuando viajé hace muchos años de mi país a E.U. —dijo Merchedes— me dediqué a la enseñanza, que es mi vocación, me encanta enseñar; gran parte de mi vida fui profesora y como tal tuve la oportunidad de viajar con mis alumnos por muchos lugares de Europa, pero mi formación católica me hacía sentir cada vez con mayor fuerza, de ofrecer al Señor mi voluntad de servicio y energías a manera de sacrificio y ofrenda. Fue así como entré a algunas organizaciones de la Iglesia que se dedican a la ayuda de los ancianos que las necesitan, ya sea por enfermedades o por abandono de sus familias; estando jubilada, dediqué también más tiempo a mi familia y a mis nietos y a una actividad deportiva que la he ido practicando durante muchos años: correr. Soy corredora de distancias largas e intermedias.

Cuando me enteré de las peregrinaciones del "Camino de Santiago de Compostela" en España, fui atrapada por la idea de hacerla, pero caminar no es lo mismo que correr y se trataba de caminar medio país. La primera vez fui sola, por el "Camino de Lisboa". Conocí gente, hice amigos, pasé por lugares maravillosos, degusté las comidas de diferentes lugares y quedé encantada con esta experiencia; cuando regresé me sentí renovada y con deseos de hacer nuevos caminos, esta vez dentro de España.

Así, mi segunda experiencia, acompañada de Jorge y una norteamericana, Elaine, hicimos la ruta del Camino Francés. Fue una prueba muy dura para mí por las dificultades que tuve en mis pies ampollados, pero gracias a la persistencia y tenacidad, pude superar estos inconvenientes y llegar a Santiago de Compostela por segunda vez. De manera que ésta es la tercera experiencia, sin pensar que vendría acompañada de estos temporales como mensaje del Señor, para fortalecer nuestra fe y espíritu.

Todo esto había sido contado por Merchedes, utilizando una mezcla de inglés, italiano y español y con la ayuda de la Hermana Polonia, que traducía lo que no se entendía por las otras hermanas. Cuando Merchedes hubo terminado su relato, yo sentí que ocho piadosas miradas me hacían objeto de su bondadosa expectación, sus ondas mentales me dejaron sin aliento por un momento, pero me repuse y empecé con lo mío; entonces hablé directo en español, acompañándome con las señas de las manos y gesticulaciones para redondear las palabras y hacerlas más entendibles y ayudándome con un poco de italiano. La Hermana Polonia ayudaba cuando se daba cuenta de que algo estaba difícil de entender o cuando alguna de ellas preguntaba.

—Yo hago este camino por dos razones: la primera, mi piace caminar; toda mi vida he caminado, desde muy pequeño, acompañando a mi padre en cacerías y pesca de truchas por los ríos de mi país. Así como en Italia están los Apeninos y en España los Pirineos y los Alpes en Europa, con altitudes hasta los cuatro mil metros, en Sudamérica tenemos los Andes y en el Perú éstos, por estar cerca al Ecuador a la altura de tres mil doscientos metros, no hay nieve como en Europa, sino que hay valles y quebradas, con ciudades llenas de árboles y hermosos paisajes, donde vivieron muchas culturas como Los Incas, que construyeron Machu Picchu cerca del Cuzco.

Setecientos kilómetros más al Norte se encuentra el Valle del Mantaro, donde está ubicada la ciudad de Huancayo, donde yo nací; mi familia tenía allí una hacienda, a unos cuarenta kilómetros de la ciudad. Vivían de la siembra de cultivos que eran productos herencia de los Incas, como papas, maíz, quinua, kiwicha, maca, Nashua, oca y tantos otros productos que ahora están de moda en el mundo occidental; también, los animales como llama, alpaca, vicuñas, venados etc. y los traídos por los españoles: vacunos, caballos, ovejas etc. La casa hacienda tenía dos patios; en el primero estaban las construcciones destinadas a la casa de los dueños, la iglesia, los almacenes y herramientas con una zona aledaña para el personal de servicio, etc. El segundo patio había sido cedido a la congregación de Los Hermanos Franciscanos misioneros del Convento de Ocopa de Concepción (cerca de Huancayo). En ese segundo patio, además de los modestos aposentos para los Hermanos misioneros, como era una avanzada del convento, se tenían aulas para enseñanza y catequización de los hijos de los hacendados y los hijos de campesinos de la zona.

Muy cerca se llevaba a cabo la construcción de un ferrocarril hacia Ayacucho (Hca.) El patrón de la iglesia era San Francisco de Asís. Por alguna suerte del destino histórico, ocurrió algo inesperado y fuera de lo común en la vida tranquila de aquellos lugares: cinco comunidades de campesinos de las etnias Wankas y Ñucas asaltaron la hacienda; los dueños de la hacienda, que eran mis abuelos, fueron alertados y montando sus mejores caballos huyeron a refugiarse a la ciudad de Huancayo.

Los comuneros entraron y después de saquear, se llevaron hasta las puertas y ventanas, las calaminas metálicas de los techos, abrieron las bodegas de los graneros y también abrieron el portón de la iglesia y se llevaron todo excepto al Santo patrón que era San Francisco de Asís, que estaba en el altar mayor. El Santo quedó solitario en su iglesia que había sido desprovista de todo, desde los muebles, santos crucifijos, cuadros, etc. Lo que quedó fueron paredes vacías sin ventanas, sin nada en los altares; solitario el Santo Francisco recibiendo los vientos que se colaban por las ventanas, pero en la torre de la iglesia se habían escondido en el campanario dos hombres de la hacienda, Bernardo y Saturnino, que aterrorizados veían desde sus escondites cómo hombres y mujeres se emborrachaban con el alcohol de caña sacado de las bodegas y terminaban llevando a cabo, en el patio, unas orgiásticas danzas lineales en la que los de las primeras filas llevaban las cabezas arrancadas de los perros de la casa, puestos sobre estacas. El patio de la parte del convento tenía cerradas sus puertas y no se atrevieron a tocar nada.

Ya al amanecer, cansados y borrachos, sólo quedaban unos cuantos que tirados, dormían en los rincones. Fue el momento en el que Bernardo y Saturnino bajaron del campanario y se aprestaban a irse cuando por una ventana de la iglesia desprovista de marcos y vidrios, vieron al Santo Francisco abandonado y solitario. Como hipnotizados se acercaron y después de hacer con sus huaracas (hondas) una soguilla, uno de ellos se ató a la espalda al Santo y emprendieron la huida; salieron a los huertos y en su apuro no cayeron en cuenta de que los hijos de los asaltantes estaban sacando la fruta de los duraznos. Éstos, al verlos, corrieron a avisar a sus padres que dormían la borrachera, pero sin embargo muchos de ellos salieron a perseguir a los dos fugitivos.

La estatua del Santo era de mediano tamaño, lo habían traído desde Assisi, Italia, como regalo especial para los patrones por su colaboración con el Convento de Franciscanos, de manera que la estatua pesaba y esto no les permitía correr bien a los hombres. Ya habían logrado bajar hasta los rieles del ferrocarril y faltaba cerca de un kilómetro para llegar al túnel en construcción, donde trabajaba el ingeniero amigo de los abuelos, que había pasado cuantiosas tardes comiendo y tomando té y chocolate entre grandes conversaciones con los abuelos. Cuando faltaba medio kilómetro los comuneros empezaron a correr detrás de Bernardo y Saturnino, que a duras penas podían con el Santo a la espalda. Ya casi sentían que los alcanzaban, pero de pronto la estatua la sintieron más ligera; es más, no sólo corrían más rápido, sino que sentían que flotaban por el aire y llegaron frente al ingeniero, quien al ver lo que pasaba y ya informado del asalto a la hacienda, había hecho poner unas cargas de dinamita en el camino.

Una vez que pasaron Bernardo y Saturnino y cuando los asaltantes comuneros se acercaron al punto de descarga, estalló la primera carga y entonces el ingeniero les dijo a gritos que si no se iban los volaría a todos; algunos, todavía envalentonados por el alcohol, quisieron seguir y como prueba de lo que les podía pasar, el ingeniero hizo estallar otra carga. Los asustados comuneros regresaron. Después de darle las gracias, los dos campesinos de la hacienda siguieron su camino con el Santo a la espalda de uno de ellos.

Algunos años después se construyó una nueva casa hacienda en un lugar denominado Ajo circa, frente a la Estación Manuel Tellería, que servía de embarque a las personas que viajaban de los vallecitos del Río Vilca y que en la actualidad se le llama Moya. San Francisco era conocido por los viajeros por la perfección de sus facciones y el trabajo plasmado en la estatua era sin lugar a dudas una obra de arte; pero algo pasó, los tiempos cambiaron las cosas, aparecieron guerrillas de Sendero luminoso y en su lucha contra el ejército hubo desapariciones y muchos muertos. Poco tiempo después el ferrocarril fue reemplazado por la carretera y dejó de operar. Tellería se volvió un sitio solitario en el que aparecieron las sectas evangélicas y por alguna razón algunas personas que decían ser expertas en restauraciones de antigüedades, le echaron mano a la estatua del Santo y acabaron desfigurando el rostro tan preciado; es esta la razón por la que hago el camino, quiero llegar a Asís y fotografiar los trabajos, como un testimonio de cómo fue y cómo debe ser esa expresión que todos adorábamos.

Cuando terminé mi historia sentí el silencio que denotaba el asombro de las personas que son creyentes cuando escuchan historias que no hacen más que reafirmar su fe. Terminada la cena, pedimos permiso para retirarnos pues queríamos recuperar fuerzas. La Hermana superiora nos recomendó efusivamente que necesitábamos un buen descanso, pues el día siguiente sería de muchas lluvias y peligros para los caminantes; las monjas le prestaron a Merchedes un paraguas bastante más sólido del que tenía, lo cual la dejó bastante feliz y yo quedé aliviado de no cargar mi paraguas con Merchedes colgada de mi brazo.

Ya en el refugio y después de unos arreglos, quedé listo para dormir, pero antes había que esperar a Merchedes en su lucha con su mochila. Yo ya había llegado a aceptar el desorden de la mochila de Merchedes en cada refugio como una condición natural del momento: «En este desorden hay un orden», decía. Y yo, como una sombra, callado miraba cómo destripaba la mochila en un anárquico desorden que competía con los vestigios que dejan los huracanes tras su paso; yo no sabía si aplaudir o llorar, pero felizmente, obligada por el cansancio, tras encontrar algunas prendas para dormir y en gran forma y brillante estilo, agarró todo y lo puso desperdigado sobre la mesa y sillas a como cayera, dio un ágil salto, se metió en su cama y apagó la luz de su lámpara de un tirón.

—Hasta mañana, Merchedes —dije su nombre en italiano.

—Ay, cómo me gusta ese mi nombre en italiano —dijo.

—Bueno, pues de ahora en adelante ya no eres más Mechita, lo cambiamos por Merchedes —le contesté apagando mi lámpara bajo el sonido de la lluvia que, actuando como sedante, no tardamos ni dos ovejas para quedarnos profundamente dormidos.

Al día siguiente desperté temprano y en el silencio, pensaba en las palabras de la Hermana superiora, que nos había dicho casi como una advertencia que llovería todo el día, que no era usual que lloviera tanto en primavera; eso me preocupaba por el barro y la siguiente etapa de Camaldoli - Biforco había que subir desde 700 metros a 1,200 y luego bajar a 700 metros nuevamente y subir a 1,100 para llegar a Corezzo y de allí a Biforco. Aunque habíamos planeado el viaje con tiempos apretados, sin embargo era necesario tomar un descanso de un día para recuperar fuerzas y aquel paraíso era ideal, pero tenía que convencer a Merchedes, pues hasta entonces la dejaba que tomara la mayor parte de las decisiones para evitar contradicciones.

Cuando se es caminante, no hay nada peor que hacerlo con personas que no se entienden, la falta de acuerdos puede producir un tira y afloja y la falta de armonía no conduce al disfrute del ambiente y las tensiones pueden descontrolarse y quebrar al grupo; a Merchedes yo creo conocerla bien porque desde que tengo uso de razón fue mi vecina y amiga, de manera que crecimos como hermanos hasta que llegó el día en que se casó y se fue a E.U. cuando tenía 22 años. Yo quedé en Perú.

Después viajé y viví en Santiago de Chile. Cuando me fui a Salt Lake City en E.U., ya mi vida y la de Merchedes eran un cuaderno de recuerdos arrugados; durante todo ese tiempo de casi 30 años, Merchedes, como profesora de español, había viajado a muchos países, sobre todo de Europa.

—La hermana San Ignacia dijo que llovería todo el día y tal vez lo dijo como una advertencia que habría que tomar en cuenta —dije mientras ella iniciaba el trabajo de guardar todo el desorden de cosas que según ella tenían un orden.

—¿Qué pretendes decirme, Giorgio?

—Que descansemos un día en este lugar por varios motivos: la lluvia, la seguridad, estamos cansados, el lugar es lindo y vale la pena conocerlo más; además, será motivo para relajarnos un poco.

—Me parece buena idea, pero vamos a perder un día y ¿cómo haremos para recuperarlo, lo has pensado?

—Sí, haremos la última etapa en tren para llegar a Assisi temprano y poder conocerlo estando más descansados.

Para mi sorpresa Merchedes estuvo de acuerdo, pues ella, muy a la americana y profesora, era pegada a la letra y al desarrollo de los planes en forma inflexible. Durante el desayuno les comunicamos a las monjitas que nos quedábamos un día más. La Hermana San Ignacia nos dijo que tenía que ir al Convento Eremo Camaldoli y que si queríamos acompañarla. «Claro que sí», dijimos. Después de recoger algunas cosas del refugio, ya nos encontrábamos en el pequeño Fiat de la hermana. Se veía mucha agua que fluía de las alturas y parte de la carretera estaba inundada o llena de palos y piedras que la corriente había arrastrado.

—Esto no es normal —dijo la hermana—, regularmente ya deberíamos tener cielos despejados y abundante sol acompañado de un ambiente primaveral; en cambio tenemos esta lluvia incesante y estos desbordes.

Efectivamente, lo que estábamos viendo era una muestra tal vez del cambio climático que trastoca las estaciones. Ya en el convento de Eremo Camaldoli la historia y los cuadros nos transportaron a otros tiempos que nos hicieron olvidar aquellos momentos; fotos, susurros y silencios, hicimos sonar nuestros pasos en aquellos pasadizos cargados de historia. Sólo deploraba lo atrasado que estoy en estos conocimientos, pero ya adelantaría, cuando menos conocía el camino.

La monjita nos dio todo el tiempo del mundo para auscultar la iglesia y de vuelta la descubrimos sentada meditando, confundida con los demás Santos. Un tropezón en los tablones que sirven para arrodillarse nos dio una idea de la acústica de la iglesia y de lo torpes que somos al romper esa paz milenaria con el ruido que se produjo. De regreso al «Oasi Divin Maestro», fuimos invitados nuevamente por la hermana superiora para ir a escuchar una misa especial. Merchedes aceptó de inmediato, pero yo decliné alegando que tenía que hacer algunas anotaciones y poner en orden algunas ideas de nuestra experiencia; pero lejos de sentirse contraídas, vi que las hermanas se ponían contentas. Resulta que esperaban a un peregrino que llegaría en la tarde y alguien tenía que esperarlo, ese alguien sería entonces yo y todas las hermanas y Merchedes se fueron felices y contentas, como un buen rebaño del Señor.

Pasaron un par de horas esperando al susodicho peregrino, una espera que se fue prolongando y no me permitía hacer mis tales anotaciones, hasta que por fin, ya pasada una hora más, con raudo paso, ágil y diligente, se dirigía al convento. Tuve que salir corriendo y alcanzarlo en medio de la tormenta, llamándolo a gritos; era de baja estatura y venía chorreando, estaba mojado hasta los huesos. Lo conduje a su habitación y le di su llave, luego me fui al mío para iniciar mi trabajo. Pero no pasó mucho tiempo cuando me tocó la puerta, tras disculparse, me dijo que tenía toda su ropa mojada y sólo le quedaba una ropa interior que tenía dentro de una bolsa de plástico y fue cuando le eché una mirada más auscultadora; era además de bajo, bastante delgado. «Mejor le quedaría la ropa de Merchedes», pensé para mis adentros mientras buscaba entre mis cosas.

Le pasé una toalla para que se abrigara, un polo interior, un suéter y una chompa tan grande para él, que tuvo que ponerse un cinturón para que no pareciera una sotana de sacerdote; luego un pantalón corto que le llegaba hasta los tobillos y así disfrazado de Jorge, el italianito se presentó al convento para la comida escoltado por Mercedes y yo. Le tocaba el show como protagonista de la noche, pero de a poco Mercedes se agarró el micro con una tertulia de mil historias de viajes donde salió a relucir la inquietud de sus alumnas, la disciplina y la lealtad.

Aquella noche, emocionada, Mercedes me contó que la misa fue con catorce curas. «A mí me da lo mismo —le dije—, uno o veinte tienen el mismo valor». Lo que desató unas discusiones bizantinas que siempre terminaban en carcajadas después de haber declarado mi retirada estratégica pero, y esto hay que decirlo: entre Mercedes y yo crece un bosque de ideas y contradicciones que se entrecruzan; ella piensa, luego existe y yo existo, luego pienso. Ella es una irrefrenable actividad constante, yo necesito la paz para la productividad; ella es cazadora que va detrás de la presa, yo soy pescador armado de la caña y la paciencia. Ella se lanza y en el camino busca el apoyo y las soluciones, yo primero busco las señales y las rutas en forma sistemática, sintiendo cada vez más y recordando, y ese recuerdo transformado en palabras e imágenes será parte de mis sentimientos. Una enciclopedia de caras, fotos, nombres, días, lugares y perfumes.

Merchedes, sin embargo, ha logrado ir más lejos en lo material y bienestar, la audacia y sus santos la han ayudado; tenemos pues todo un maizal de palabras y sentimientos encontrados, unas de sal y otras de arena, pero los frutos que dan son choclos que se desgranan en cada viaje, en cada camino que encontramos, verdaderos caminos y otros imaginarios.

CAMALDOLI - BIFORCO

Por la mucha lluvia de la noche anterior, decidimos ir en bus cierta parte de la etapa y empezamos caminando por Badia Prataglia, caminamos por una carretera que no es nada agradable y peor si está muy transitada por el peligro que conlleva y el monóxido que dejan a su paso los vehículos y que se agudiza cuando uno camina y se hace más evidente. Por esta y otras razones, esta etapa no fue muy atractiva, hasta que después de tanto caminar, sentimos en el ambiente un olor a café y pan; entonces supimos que estábamos cerca de algún pueblo, así llegamos a Corezzo.

Buscábamos información y además queríamos comer y vimos a una bella muchacha, la cual nos llevó a una panadería y nos mostró en poco tiempo una amplia gama de conocimientos sobre temas históricos y literarios; yo me quedé pegado a ella, pero también teníamos hambre. Le pedí ser su amigo por una red social para no perderla y hasta ahora puedo disfrutar de una entretenida información de muchos lugares que ella visita, sobre todo Florencia. Prometió volver y nos fuimos a comer. Cuando Enza Tinti regresó, nos dijo que era abuela, aunque no lo pareciera y nos llevó para conversar a un restaurante de su amiga. En mis notas puse lo siguiente: «Ella es muy abierta al diálogo y nos da todo tipo de información, en poco tiempo somos bombardeados de conocimientos del entorno, los pueblos, etc. Normalmente vive en Florencia, pero viene a Corezzo por que le gusta caminar y tiene familiares».

Tenía una voz dulce y una fogosidad cual si lo que decía le saliera por todas las veras de su alma; se le notaba bastante instruida. Quedamos impresionados por su personalidad y después nos contó que conocía a muchas figuras estelares a nivel mundial, como Cassius Clay y a futbolistas; se mostraba como una mujer de mundo. Nos presentó a Diana, otra amiga. Cuando apenas habíamos cruzado un par de palabras, apareció un auto con un amigo de ellas que pasaría por Biforco, que quedaban a pocos kilómetros y nos ofreció llevarnos; aceptamos y sin más preámbulos estábamos instalados en el vehículo.

Así llegamos a Biforco, un pueblito en una colina con calles que desafiaban la gravedad. El refugio era bastante frio y con unas escalinatas medievales, pero tenía en la cocina que servía de comedor a la vez, una colección de cafeteras casi como en un museo, de todo tipo. Saliendo del refugio había como una terraza que se extendía a la izquierda, ahí había un restaurante con grandes ventanales todo de cristal, donde comimos; se notaban los vestigios de una fiesta de la noche anterior y algunos instrumentos como un piano y un violonchelo en una esquina y el anuncio de que al día siguiente se llevaría a cabo una presentación musical a partir de las 8.30 p.m. Lamentamos mucho no poder asistir a aquel acto musical.

BIFORCO - CAPRESE

Muy de madrugada al día siguiente, tomamos nuestras cosas y después de desayunar acompañados de las cafeteras que me traían el recuerdo de mi niñez, cuando mi madre usaba ese tipo de cafeteras Italianas inundando con el aromático olor del café toda la casa, pero no nos salgamos del tema. La mañana estaba fresca, las montañas vestidas de nubes en sus falderíos y las huellas de una llovizna recién caída en el piso encharcado; bajamos por aquella calleja adoquinada que nos condujo a una carretera que bajaba culebreando, había que cortarla en muchos tramos para no seguir el zigzag, pero los caminos que acortaban las distancias estaban llenos de hierba alta con gotas de agua en las hojas y éstas nos mojarían los pies en poco tiempo, así es que usé la técnica de los campesinos peruanos: conseguí una rama flexible y a la vez lo suficientemente resistente y con ésta avancé golpeando la hierba y las ramas para hacer caer las gotas de agua por donde íbamos a pasar. Merchedes me dijo: «Estoy aprendiendo tantos detalles en los caminos que al final me graduaré de experta y yo que me creía la estrella en carreras, subestimaba a los caminantes, pero realmente es otra cosa; caminar te da tiempo para pensar, para el diálogo con otros, puedes caminar cantando y disfrutas viendo el paisaje».

Pronto ya nos habíamos sumergido en un bosque, por momentos se hacía difícil encontrar las señales que nos guiaban. Después de mucho caminar y cuando ya creía que habíamos hecho el setenta por ciento del camino, entramos en una gran hoyada a media montaña; un camino carrozable se habría paso, un verde y alegre bosque de hayas que nos recibió con sus frondosas ramas y más allá, un fuerte olor a madera fresca nos dio el anuncio de unos leñadores que habían logrado apiñar una buena cantidad de leña húmeda. El camino se adentró en la gran hoyada que se encontraba inundada por los desbordes de pequeñas fuentes de agua. Habían dos posibilidades de atravesarla: yendo directamente metiéndose al agua con zapatos y todo y la otra subir para buscar atravesar a saltos cada arroyo. Optamos por esta segunda, pues no queríamos mojarnos los pies ni los zapatos, que no sabíamos cuáles serían las consecuencias posteriores, pero esta segunda operación de subir y bajar buscando la travesía fácil nos hizo perder mucho tiempo. Normalmente ese camino lo hubiéramos atravesado en una hora, pero perdimos más de tres horas; cuando llegamos al último tramo, no encontrábamos el camino y empezamos a bajar por el lomo de una montaña entre árboles de regular tamaño. Lo peor era que estaba oscureciendo, algunos pájaros anunciaban la noche y caminábamos con prisa; por fin logramos recuperar el camino, pero a través de los claros del follaje se veían algunas estrellas.

Ya no había caso, borráronse los pormenores, se tornaron más ingentes y temibles las formas grandes. Cuando ya toda la amenazante oscuridad se cernía sobre nosotros, vimos un horizonte con líneas geométricas.

—Merchedes mira, es una casa —dije y nos apresuramos a acercarnos—. Espera, tal vez haya perros o la casa está en ruinas y puede haber alimañas —dije.

Buscamos nuestras linternas, yo la tenía en el bolsillo izquierdo de la mochila y la encontré fácil; al llegar a la entrada, el espacio se ampliaba y al lado izquierdo vimos un horno de panes que estaba entero, con todas sus herramientas para la labor, indicio de que no era una casa abandonada. Alumbrando a la derecha, una parte techada del corredor de entrada tenía plantas y flores; todo indicaba que estaba habitada. Tocamos a la puerta, el silencio era total, no había nadie; sin embargo, las flores bien cuidadas nos decían que alguien vivía ahí y tal vez no estaban.

—Por lo menos tenemos un espacio techado para pasar la noche —dije.

Merchedes me pidió la linterna, ella no encontraba la suya en ese orden...de su mochila. Se puso a hurgar y buscar por todos lados, mientras yo buscaba el mejor lugar para protegernos del viento, aunque la noche estaba serena y no llovía. Ya había encontrado el lugar más aparente, cuando de entre el laberinto de maceteros de las flores, escuché a Merchedes que daba su grito apache; con paso apresurado se me plantó enfrente con la linterna en una mano, una amplia sonrisa y blandiendo una llave en la otra mano. «¡Bravo, la encontraste!» exclamé. Sólo faltaba que abriera la puerta de la casa, me la dio y se puso detrás mío mientras yo introducía la llave y la puerta se abrió.

Entré primero alumbrando al fondo, delante había una mesa, pero también una banqueta de la que no me había percatado y tropecé con ella y me caí; para evitar el golpe abrí la mano y la linternita voló y fue a dar a un rincón en el que no se veía más que un pequeño punto luminoso. Me levanté y casi a oscuras aparté la banqueta, luego, apoyándome en la mesa, traté de avanzar a tientas para recuperar la linterna, pero en el tanteo sobre la mesa mi mano dio con un rostro y toqué la nariz, luego los labios y una cosa viscosa en la boca. «Sangre» pensé. Me espanté y retrocedí asustado, llevándome de encuentro a Merchedes que preguntaba:

—¿Qué pasa? pero ¿qué pasa Jorge?

—Espera Mechita —le dije con nerviosismo.

Busqué en mi mochila otra lamparilla de las que se ponen en la cabeza, tipo minero y cuando la encontré entré de nuevo mientras Merchedes esperaba con expectativa; una vez dentro vi efectivamente los rostros, eran máscaras de las que se usan en el carnaval de Venecia y que estaban siendo pintadas. El alma me volvió al cuerpo y empecé a reír a carcajadas, le conté a Merchedes lo que había pensado y aumentaron las risas, más por el nerviosismo que por lo ocurrido. La casa estaba bien provista de abundante comida, nosotros teníamos una sopa en paquete que preparamos; dentro tenía un pequeño estudio donde tenía pegado a la pared un plano de ubicación de la casa y le tomamos una foto. No estábamos muy lejos del camino y al amanecer podríamos llegar Caprese. Muy temprano fuimos despertados por los pájaros, aún estaba oscuro, pero ya se podía ver algo con la luz matinal; después de dejar una nota explicando los pormenores al dueño de la casa, partimos dejando la llave en su escondite.

Después de caminar aproximadamente una hora, nos topamos con el primer caminante desde que iniciamos el camino a Assisi, era un inglés. Merchedes no perdió la oportunidad de hacer amigos y le dijo: «¡Buen camino!» como es de costumbre en España y luego un diálogo que yo no podía seguir porque me encontraba delante. El ritmo del caminante inglés era muy acelerado y con grandes zancadas; por un tiempo caminamos juntos pero Merchedes había quedado rezagada y me despedí del inglés sin mayores diálogos.

En hora y media nos encontramos con un segundo caminante, era un gallego de gran talante y más dispuesto al diálogo, iba a la par de nosotros; nos contó que había hecho casi todas las rutas del «Camino de Santiago» en España y un camino en Noruega que conduce a un Peñón: «El Púlpito», el más vertiginoso de los de los fiordos Noruegos. Luego me mostró con orgullo sus zapatos:

—Éstos me han llevado por todos esos caminos, pero éste será el último para ellos, ya es tiempo de cambiarlos —nos contó.

—¿Y cómo es que se te ocurrió ir a Noruega? —le pregunté.

—En el 2013, un Español fue la primera persona que murió al caer del Preikestolen (El Púlpito) y vi la foto del lugar en un diario y me llamó la atención —dijo—, y desde entonces sólo pensaba en visitar el lugar. Hay una roca, El Kjerag, es un peñasco aprisionado entre las paredes de la roca y con vistas al Lysefjorden, a mil metros de altura. Saltar hacia esa roca para hacerse una instantánea, es casi un acto de fe que sube las pulsaciones a nivel de una taquicardia.

—¿Y por qué haces el «Camino de Assisi»? —le pregunté.

—Lo llevo en la sangre —contestó—. Caminar es para mí lo que el fútbol para otros, me maravilla que con el simple desplazamiento por el movimiento de contradicción de las piernas, usando nuestra propia energía y como combustible la sangre que se mueve con el corazón como motor. Oxígeno, agua y alimentos convertidos en energía procesada por nuestro cuerpo y para eso respiramos, bebemos y comemos; razones por las que caminamos desde tiempos ancestrales. Hemos pasado millones de años vagando por las estepas, tundras, desiertos, atravesando selvas y montañas, cruzando ríos y océanos, buscando el sustento, nuestros alimentos o por la simple aventura de descubrir y conocer y seguir el camino.

—Sí, claro —le dije—, pero ahora ya no es necesaria esa búsqueda y la gente es más sedentaria; es más, muchos ya casi no caminan.

—Pero está en nuestros genes —contestó—. Caminar es tan importante que cuando cometemos alguna falta o delito, la sociedad civilizada nos castiga restringiendo nuestros espacios y nos meten en una prisión.

Mientras hablábamos llegamos a un camino carrozable y se nos cruzó un automóvil levantando polvo y en la ventana trasera vimos a un niño con su perro que nos hacía adiós con la mano.

—Ahí tienes —dijo el gallego—, también la tecnología nos da los elementos que van reemplazando a nuestras piernas: caballos, camellos, carros y aviones, nos han hecho olvidar las caminatas de distancia, pero sin embargo, la función de las piernas no se limita al desplazamiento; por ser una parte importante del cuerpo, tiene otra función, que contribuye con la salud de las personas. Quien camina y corre tiene mayores posibilidades de tener buena salud, el cuerpo se oxigena, la irrigación sanguínea fortalece el corazón, mejora la salud mental, elimina toxinas, grasas y disminuye la hipertensión, el colesterol y mejora la actividad sexual; evita la obesidad y muchas cosas más.

—Caramba amigo, me acabas de dar una cátedra que me servirá de fundamento para caminar siempre y no parar nunca —le dije.

Por fin llegamos a Caprese Michelangelo, que es sin embargo un pueblito que ha dado a la historia dos joyas de gran importancia para la humanidad: el primero, Miguel Ángel Buonarroti, nacido, según se muestra en su casa y actual museo, el 6 de marzo de 1475; el otro, Giovanni Santini, astrónomo y matemático nacido el 30 de enero de 1787. Nuestro refugio era una casa de dos plantas muy limpia y agradable, esas casitas pequeño-burguesas en las que todo está en orden y huele bien; el esmero y la limpieza hacen que uno en la entrada se saque los zapatos y disfrute de cada detalle. La novedad aquí fue que las habitaciones que habían se presentaban de diferentes colores, desde la ropa de cama hasta las paredes. A Merchedes le gustó el rosado, pero le hice ver que la habitación verde tenía un balconcito hacia el castillo, el valle y ahí quedamos. Lo de siempre; la ducha, comer y salimos después hacia el Castillo de Miguel Ángel.

Dentro hay reproducciones de sus obras su historia, también se muestran las obras de otros artistas de la zona, de Corezzo de Castello di Caprese, etc. En la tarde comimos en un restaurante moderno y elegante, aunque su comida tenía buena presentación, mas no estaba a la altura de la arquitectura.

CAPRESE - SANSEPOLCRO

Nos tocó por fin un día claro y con un sol deslumbrante y estábamos dispuestos a disfrutarlo; caminamos rodeados de diversos paisajes que nos condujeron a una loma donde vimos a un grupo de liebres que se dispersaron al percatarse de nuestra presencia y después de cierta distancia, se pararon nuevamente antes de desaparecer. Después de caminar por el lomo de una larga colina, el camino subía hasta una torre de madera; me subí a la torre para una foto y Merchedes se me adelantó, la alcancé en un cruce de caminos, pero no se veía señal alguna del camino a seguir. Merchedes, impaciente, dobló hacia la derecha, yo seguí buscando una señal y busqué también en el otro camino y vi venir a una muchacha rubia que iba hacia la dirección de Merchedes, yo la dejé pasar después de saludarla y como no había señales las seguí. Ya se me habían perdido. Encontrándome ya en una parte del camino que bajaba hacia un amplio valle, vi a Merchedes con la rubia que marchan conversando, el camino estaba cortado por pequeñas zanjas producto de las lluvias, había que marchar sujetos a los vaivenes que hacían más difícil el desplazamiento. Pronto las alcancé y preferí dejarlas conversar. Después de un saludo me fui adelantando de a poco, pues el panorama se ponía interesante con la vista de lago Di Medoglio; después de un par de curvas el lago se mostraba en toda su amplitud, tenía un color verde botella y lo cruzaríamos a través de un puente que ya se veía a lo lejos, casi en la punta donde salía el río que alimentaba al Tíber, que es el río que atraviesa la ciudad imperial de Roma, la antigua capital del mundo, por lo que le presenté mis respetos y lo contemplé como un semi dios. Me hubiera gustado meter mis pies en sus aguas pero las orillas se veían rebasadas por la cantidad de agua que traía por las lluvias, una foto de este lado y algunas del otro, serían suficientes para quedar feliz.

Mientras tanto, Merchedes y la rubia me alcanzaron y marchamos juntos, era una bella de ojos celestes y se llamaba Paloma, es alemana, entre otras cosas es médico y toca el chelo en un grupo de cámara.

—Qué envidia —le dije—, apenas con 25 años y ya tocas un instrumento y tienes una vida por delante por demás prometedora.

—En el arte como en la vida, cuanto más avanzamos más compleja se vuelve —me contestó. Tuve que esperar un momento para digerir su respuesta, que me pareció preelaborada de antemano. Merchedes no perdió la oportunidad para lanzarme una mirada de «Women power». Saqué entonces a relucir, imitando a las monjitas de Camaldoli, mi pregunta recientemente prefabricada para conocer el alma de la gente: «¿Por qué haces este camino?».

—Por muchas razones —me contestó mientras se tomaba un tiempito para responder—, una de ellas es que me gusta caminar y yo nací en la generación de los Millennials, que es la generación que nace con la computadora bajo el brazo; aún no conocemos qué consecuencias tendrá esto en nuestro futuro a largo plazo, por ahora podemos decir que somos la generación más educada y tiene las posibilidades de información y comunicación en todo momento; el internet y las redes sociales son el pan nuestro de cada día.

—Nuestra generación fue muy diferente —le dije.

—Sí, claro —me respondió—. Las horas que la generación de ustedes, los Baby boomers, dedicaba el tiempo a jugar en parques y calles, bailar y correr, escuchando buena música, se daba mucha importancia al oído y al constante movimiento de sus cuerpos y músculos como base de una buena oxigenación y un futuro saludable; en cambio ahora, los millennials pasan su tiempo de una manera distinta, encerrados en sus dormitorios, con sus audífonos, tablets y rodeados de toda una suerte de tecnología. Pasan sus vidas con el cuerpo en constante reposo debido a la inactividad, los patrones de salud podrían obstaculizar su futuro y esto por la forma de vida sedentaria que actualmente se han impuesto.

—No imaginas cómo aprecio tus palabras, Paloma —le dije—, ojalá los millennials pudieran conocer tus argumentos, servirían para salvar vidas; es triste saber que hoy muchos padres entierran a sus hijos por haber permitido que llevaran una vida tan sedentaria y aislada del mundo exterior, en prejuicio del desarrollo normal de sus cuerpos durante la niñez y adolescencia.

En el curso de la conversación volvió a aparecer la vista del lago y el puente que hasta entonces había permanecido oculta tras una cortina de árboles, mientras las montañas se iban alejando para dar paso a un amplio valle. El ambiente respiraba la humedad de la tierra. Cruzamos el puente del río y tomamos algunas fotos. Paloma se despidió éramos somos muy lentos para su juventud.

—¿Qué le has dicho, por qué se fue? —me preguntó Merchedes.

—Sólo le dije mi edad —le contesté bromeando.

—Bueno, pues no vuelvas a decirle tu edad a nadie —me dijo.

—¿Y qué si me la preguntan? —cuestioné.

—Te bajas veinte años —contestó.

Después de subir una cuesta a mi parecer innecesaria, el camino culebreaba entre casonas evitando entrar en algunos pueblos que tenían sus propias entradas, ahora nos tocaba una carretera que se presentaba de improviso, pero no había señales. Seguimos por ella y ya más abajo le echamos mano al navegador que nos llevaba hacia la carretera. Después de tanto andar y andar, encontramos por fin una señal que nos llevó por un camino entre sembríos y lugares de ensueño, lleno de quintas y haciendas, casas de todo tipo, unos cipreses que son el símbolo de los campos italianos y parecen las llamas de velas de iglesia.

Seguimos un largo trecho. «¡Sansepolcro, ¿dónde estás?!» grité para darme el ánimo de que estaba a la vuelta de la esquina, pero no había tal esquina y todo era largo y plano. En momentos se caminaba a la ribera del río y encontramos a Mario, ya lo habíamos visto antes cuando íbamos caminando con Paloma, le pregunté si conocía el refugio en Sansepolcro y nos dijo que sí, entonces iríamos juntos, conversando.

Mario es arquitecto y no era la primera vez que venía a Italia, ya antes había hecho el trayecto siguiendo la ruta de viajeros alemanes desde la antigüedad, entre ellos Goethe y también de los ingleses atraídos por la historia y el arte del Renacimiento italiano.

—Tengo especial predilección por Venecia —nos dijo—, pocas son las ciudades tan singulares con características únicas. Desde sus inicios, para escapar de los invasores que asolaban toda Roma, tuvieron que escoger los pantanos y sus recovecos, sólo conocidos por sus moradores; vivir entre pantanos era una desventaja para el desplazamiento normal que tan ventajoso les resultó con el desarrollo del tiempo. Tuvieron que valerse de troncos para el sustento de las edificaciones.

—Sí, pero ¿cuánto tiempo podrán durar esos troncos sin que se descompongan por la humedad? —pregunté.

—Ahí tienes lo sorprendente, que la acción del material barroso que envuelve a los troncos impide que haya penetración de oxígeno, sin el cual no pueden actuar los elementos que descomponen la madera; entonces los troncos, al absorber el material, quedan como pilotes de cemento eternos y se calcula que hay cerca de diez millones de troncos sobre el que se sustenta la ciudad y sus palacios con torres, iglesias y edificaciones que a la vez fueron construidos con una técnica tal que tienen flexibilidad y mantienen un continuo movimiento.

—Bueno, para ti como arquitecto, imagino que es una maravilla todo ese trabajo —comenté.

—Es como para ustedes los peruanos, Machu Picchu —contestó—, una ciudad construida en las estribaciones de los Andes y para que ello sea posible ha tenido que haber todo un trabajo de sedimentación y tratamiento de las aguas, de manera que las inmensas rocas no caigan por acción del desgaste del suelo por las lluvias; son ciudades únicas Jorge, que uno no puede entender cómo pudieron hacerlo en épocas en que Europa del Norte estaban en tinieblas en la cultura. Pero además, durante el Renacimiento surgen arquitectos que establecen una línea de arquitectura que se copia en todo el mundo, me refiero a Palladio, ese gran arquitecto nacido en Vicenza. Después de estudiar las ruinas de Roma, empezó a construir obras en Venecia que han dejado huella; cansado de los templos con arreglo a las formas de las antiguas basílicas, construyó la Iglesia Il Redentote y la Basílica de San Giorgio. Además, la influencia de Palladio se nota en otra cantidad de templos, como Santa María della Salute y llega también a E.U. en las construcciones del Capitolio y la Casa Blanca, entre otros.

—Pero Mario, Venecia se hunde ante los ojos del mundo y es por eso por lo que los gondoleros ya no cantan —le dije.

—Son otras razones —me contestó—, el cambio climático está afectando, pero la mayor fue la voracidad de la industria instalada en la ciudad; sacaron mediante bombas grandes cantidades de agua del subsuelo, que servía como colchón de base de la ciudad y se hundió toda la plataforma. Súmale a esto las constantes olas que producen las lanchas a motor que van minando el material de piedra que tienen los edificios, por más ligeros que sean en su especial arquitectura. Por otro lado, los gondoleros cantan por una tradición muy antigua. Una ciudad que creció avaramente apiñada en pequeños espacios, creció hacia arriba, con calles estrechas, plazuelas y canales que conducían a la laguna, donde los pescadores, acostumbrados al estrecho contacto humano para no sentirse solos, cantaban estrofas de mensajes a sus mujeres que se ubicaban en la orilla y aprovechando el rebote de las voces en el espejo de agua, desarrollaron voces penetrantes capaces de llegar a la lejanía y así se pasaban mucho tiempo que podía prolongarse a lo largo de toda la noche y los distraía sin que se cansaran. Si estabas al centro para escuchar y con las mujeres en la orilla cuando sus hombres pescaban, te producía un hechizo; esto también se desarrolló en las góndolas, en las que se instalaba un hombre a popa y otro en la proa y cantaban estrofas de Tasso y Ariosto que posiblemente pertenecen al número de las sagas.

Mario caminaba descansando y a la entrada de Sansepolcro se tomó varios cafés. Mientras tanto, el tiempo había avanzado y llegamos a la ciudad que nos mostró su faz medieval y tiene determinadas entradas. Mario nos llevó por estrechas y adoquinadas calles casi al anochecer y tras doblar unas cuantas esquinas, encontramos el lugar, pero era un hotel y no el Refugio de peregrinos. El hombre que atendía en el hotel nos dio un plano de cómo llegar al refugio. Mario se despidió y se quedó, ya no daba más, pero nos sucedió lo que frecuentemente les pasa a los caminantes cuando ya están cansados y creen haber llegado al fin de su camino: el cuerpo ya no quiere dar un paso más.

Al salir a la calle encontramos los faroles ya encendidos y una finísima y tenue llovizna impulsada por el viento, tremaba en torno a los faroles haciendo brillar a menudo las gotas. Al pasar por una plazuela encontramos las mesas vacías debajo de los toldos de un café al descubierto. Nos sentamos a descansar y a estudiar el plano de la ciudad que nos dieron en el hotel. Detrás nuestro estaba sentado un hombre fumando un cigarrillo, mientras parecía entender nuestra conversación en español. Recogió del piso un estuche y sacó de él un violín y empezó a tocar dos o tres piezas de Handel y Mozart. Para algo así teníamos el espíritu muy sensible en aquel momento y sorbimos la música noble y serena como si fuera un néctar de dioses, con la luz de la bujía que relumbraba en la ligera llovizna y la música, quedamos extasiados; terminada le tercera pieza nos preguntó en perfecto español si buscábamos el Refugio del Camino de Assisi. Después de agradecerle por la música, le confirmamos y nos dio una explicación simple, pues estábamos a unas cuadras de distancia pero había que subir y era posible que a esa hora no hubiera comida en el refugio. «Podemos comer aquí en el café —nos dijo—, vamos, yo invito».

El café más parecía una antigua taberna donde los parroquianos, sentados frente a sus vasos de vino, nos asaltaron con sus miradas como señal de fisgonear al forastero; el violinista saludó a todos, al parecer era muy conocido en el ámbito. Nos señaló una mesa cerca de la ventana en una esquina y llamó a la tabernera y pidió unos platos que no conocíamos y vino. Pedimos los vinos de la tierra, que son muy puros, ligeros y modestos, sin nombre especial; te reconfortan y alimentan y se les puede tolerar en una buena cantidad. Tienen un sabor en Italia y España tan agradable, como a campo, a tierra, a cielo y a bosque; los vinos sofisticados con sabores y fogosos, no son para los caminantes.

Para nuestra sorpresa, Gabriel, el amigo violinista, tocaba allí en una orquesta todo tipo de música, especialmente Jazz; también tocaba otros instrumentos y era muy popular, había vivido en México durante veinte años, ligado a las orquestas del cine mexicano y le gustaba estar con hispanoamericanos. Tuvimos una interesante tertulia, pero breve, pues tenía que tocar. La comida estuvo excelente y el vino encendió nuestra alma tropical; al escuchar la música nos sentimos renovados, ya casi habíamos olvidado que aún teníamos que encontrar el refugio, cuando Gabriel nos trajo otra botella de vino y nos propuso un brindis por la amistad. Por cortesía aceptamos y de pronto tocaron una música tropical y bailable. Gabriel sacó a bailar a Merchedes, que ya se había olvidado de que estaba cansada y por una señal de Gabriel, una hermosa muchacha vino hacia mí contorneándose y cimbrando las caderas y no hizo más que tomar mi mano para yo ponerme como un trompo a bailar como loco.

Habíamos ya bailado dos o tres piezas cuando en un momento de descanso le dije a Merchedes que, si no hacíamos tocata, fuga y escape, no saldríamos de ahí hasta altas horas de la noche; ella hizo como si fuera al baño y yo dejé una propina y como dicen en Perú: «tocata y fuga». Ya en la puerta le hice adiós a Gabriel, que estaba tocando.

SANSEPOLCRO - CITTÀ DI CASTELLO

Aquella noche al llegar al refugio, ubicado en una colina desde donde se podía apreciar toda la ciudad envuelta en tenues luces que se perdían en la niebla, las monjas del refugio nos dieron para escoger una habitación que compartimos con una alegre pareja de holandeses; se veían muy altos, fuertes y muy amables, cuya fortaleza irradiaba energía y vitalidad envidiable, con enormes mochilas a sus espaldas. Supimos por ellos que al siguiente día llovería poco.

Cuando despertamos a la mañana siguiente, la pareja ya había salido muy temprano, por lo mismo nunca los alcanzamos. Seguimos hacia Via Coleschi subiendo hasta el Eremo di Montecasale y luego de allí hasta alcanzar los 900 metros de altura, luego empezó el descenso hasta Agriturismo Somalia, refugio privado. El terreno se fue ampliando cada vez más hasta un hermoso valle donde fuimos reconociendo, higueretas, myrtus rastreros, granados y olivos al lado de los aloes y arbustos, narcisos y adonis; el calor se hacía presente y caminamos más aligerados no sabiendo dónde se encontraba el refugio. Llegamos a la plaza y entramos a una pizzería, preguntamos por el refugio y la dueña, muy amable, llamó por teléfono y nos dijo que nos recogerían en 45 minutos; aprovechamos para comer una pizza italiana típica de este país, diferente a la E.U. y es que la base de harina no es tan gruesa y el queso no está recargado.

Le ponen algo que le da un gusto especial.

A la hora convenida nos recogieron en auto y nos llevaron a un refugio muy hermoso en los falderos de una colina, desde donde se podía observar la campiña amplia y hermosa; el edificio era nuevo y pasaremos la tarde solos, pues los dueños tenían una panadería y volverían en la noche. Pasamos allí un lindo día descansando, cantando y disfrutando del ambiente.

PIETRALUNGA - GUBBIO

Pietralunga se encuentra en lo alto de una colina que quedó atrapada con el tiempo en el mismo lugar. Mientras que muchos de los otros pueblos hermanos descendieron a los valles para extenderse, Pietralunga prefirió la colina. Pasamos allí un día lluvioso y frío, con nieblas que pasaban como mantos o grandes fantasmas arrastradas por el viento. Entramos a un café y nos encontramos con caras conocidas, los dos amigos holandeses que nos miraban con una amplia sonrisa de oreja a oreja y haciéndonos señas para compartir la mesa y bla, bla, bla hasta muy tarde, cuando todos, muy alarmados, nos dimos cuenta de que teníamos que salir muy temprano y para caminar bien había que descansar y dormir bien.

Despertamos al día siguiente y una vez más los holandeses nos sorprendieron con su disciplina y apego a la hora exacta; cuando ya estábamos listos para salir, ellos ya nos llevaban una ventaja de por lo menos media hora. entonces dale, teníamos que darnos la ilusión de alcanzarlos aunque sólo sirviera para alimentar nuestro ego. Yo sabía para mis adentros que no los alcanzaríamos nunca, pero el afán de Merchedes, como buena cristiana, que nunca pierde la esperanza. El camino se desplazaba por una adoquinada calle que nos mostraba los letreros y los anuncios de los diferentes negocios, hasta había todavía una sastrería, aunque el local parecía vacío, pero el letrero ahí estaba aún. Luego el camino nos llevó a una carretera que se dirigía a una habrá entre dos montañas pobladas de árboles en las que la niebla jugaba a las escondidas mostrando por momentos mechones de árboles, como si de cabellera se tratara. Las señales nos indicaban seguir por un camino entre alegres verdores del bosque, un riachuelo no dio la bienvenida con su canto de agitadas aguas que se habían llevado las tablas de un pequeño puente y entonces vino el desafío, había que saltarlo y midiendo mis posibilidades, lo haría desprovisto de mi mochila.

Luego, atada a una cuerda, Merchedes me lanzó mi mochila y después la de ella, pero luego seguiría ella, que no es muy alta que se diga; mejor dicho, Merchedes es pequeña de estatura, pero grande de corazón y de coraje, de manera que saltó impulsada por el jalón que le di al bastón de caminar, del cual ella estaba aferrada. «Hum...—dijo ella—, no estaba en mi libro de carreras».

Subimos por el camino hasta que se dividió en una perfecta «Y» griega. ¡Miércoles! había que adivinar por dónde ir y escogimos por la izquierda, pero después de un buen trecho de caminar sin ver ninguna señal, optamos por regresar a la bifurcación y ahí le echamos el guante al navegador, que no siempre funciona en Europa y peor en el campo. Para suerte nuestra apareció el camino, era por la derecha. Entonces ya habíamos perdido casi media hora de camino yendo por un camino pedregoso, nos cruzamos con una mujer que venía bajando con un bebé recién nacido o tal vez tenía pocos días; la saludamos y ella siguió acompañada de otra mujer, luego nos miramos atónitos.

Pasamos los niveles altos de la montaña y cuando empezamos a bajar al valle de Gubbio, alcanzamos a una pareja. Merchedes, que no pierde la oportunidad de darle rienda suelta a la lengua, entabló una nueva amistad con la chica que se veía muy simpática; caminaban riendo todo el tiempo, al punto de que yo, que soy más parco, sentí envidia y la curiosidad me jaló de la oreja para acercarme y ver de qué se trataba la buena cháchara justo en un momento en el que el viento venía en contra y agitaba el poncho amarillo verde limón de Merchedes, de tal manera que Katharina empezó a gritar: «¡Un ángel, estoy viendo un ángel!», señalando con la mano a Merchedes, a la que se veía, con su poncho agitado, como si volara. «Qué va —le dije—, los ángeles no tienen sexo». El efecto fue inmediato: Katharina no paraba de reír. Conociendo el espíritu de esta mujer, le pregunté:

—¿Siempre estas tan alegre?

—No es que me guste el chiste, pero soy muy afín al humor porque es más refinado y también las caminatas en la naturaleza me ponen así.

Le pregunté si era italiana. «Tú que piensas?» me contestó con otra pregunta.

—Creo que los italianos tienen una característica —le respondí— y está en la sangre, vociferan en buen o mal sentido, son además impetuosos y la bonachonería, el ingenio, humor y a veces desgarrados modales, pueden estar acompañados de cambiantes momentos en los que no faltan modales, improperios que rayan en el sarcasmo y pueden tomar más cuerpo —le dije.

—Bueno, soy como lo has descrito, pero nací en Alemania y mis padres fueron alemanes, de manera que no sé de dónde vienen estos impulsos.

—Bueno —le contesté—, tendrías que abrir las ventanas de la historia en que los nórdicos invadieron Roma.

—Puede ser que tengas unas gotas de sangre italiana —agregó Merchedes.

—¿Unas gotas? yo creo que un jarrón completo —dijo Katharina a la vez que fue motivo de nuevas risas.

La aparición de un café entre un grupo de casas enfiladas en el camino nos separó de Katharina, ella y un grupo de otros amigos se quedaron en el café; las hileras de casas eran interminables, hasta que vimos a una persona regando el jardín interno de su casa y le pedimos un poco de agua.

—¿Por qué las casas tienen colgadas de sus balcones unas banderolas de diferentes colores? —le preguntamos.

Nos explicó que era la fiesta de los Ceri, en Gubbio y cada 15 de mayo las banderolas representan los colores de los santos: San Ubaldo el amarillo, San Giorgio el azul, y San Antonio el negro. «Mañana habrá carrera de los Ceri en las calles de Gubbio» nos dijo.

De manera que tendríamos la suerte de ver una fiesta en Gubbio que tiene una tradición muy antigua. Entusiasmados y más animados reiniciamos la marcha hasta Gubbio, que nos esperaba con un ambiente festivo, con gente que vestía los colores de sus santos favoritos y con cafés y bares repletos de toda clase y demostrando su alegría a gritos, y así agitadas las aguas, veíanse grupos de gente sentadas en torno a mesas de improvisadas tiendas y kioscos de lona y tela, vendedores de artículos religiosos, flores, recuerdos de toda clase y artículos de artesanía; era aún temprano, pero las luces estaban prendidas, obligadas por un cielo nublado que amenazaba con tormentas.

Subiendo por la Via Perugina llegamos a la parte central de Gubbio y alcanzada la rotonda con la Via Mazzatinti, encontramos el refugio, un enorme convento atrapado entre la Via Perugina y la Piazza Martiri, y ¡Oh, sorpresa! nos encontramos con nuestros amigos holandeses. No podemos decir que esa fuera una noche de descanso, imposible con tanta gente vociferando en las calles, abrigados por dentro con un buen vino y por fuera con sendos abrigos.

Al día siguiente subimos siguiendo a un río de gente que nos llevaba por la Via della Republica. A determinada altura el flujo de gente nos arrastró hasta una esquina en la que no era posible avanzar más, un mar de paraguas esperaba impaciente; tratamos de ver qué iba a pasar y nos establecimos en la pendiente de una pequeña calle cercana, por la que pasarán los Ceris.

Después de una procesión con la estatua de San Ubaldo hasta lo alto de la calle «Dante» y después de bendecir a los Ceri, que son tres elaboraciones altas y pesadas de madera transportadas por diez hombres, se iniciaría la carrera. La aglomeración era impresionante, había acudido todo el pueblo de Gubbio, gente que venía de lejanos lugares ya como turistas o pobladores cercanos y también se encontraban los notables de la ciudad y también en pleno, todas las autoridades y las damas más sobresalientes. Las carreras tuvieron un éxito clamoroso.

Cuando pasaron las imágenes a toda carrera, había parado de llover y un mar de cabezas se agitaban entre los destacados colores de los santos; nosotros, arropados con la multitud disfrutando, mientras yo pensaba que son estas tradiciones las que les dan vida y color a los pueblos que tienen raíces históricas, mezcladas con mil leyendas que se tejen con un manto de cada sociedad.

Ya en la tarde, no quise perderme la posibilidad de hacer una visita al teatro romano que se encontraba cerca. Merchedes, endulzada con una conversación que había entablado con los holandeses, prefirió quedarse en el refugio, de manera que dirigí mis pasos hacia la Via Matteotti, que me llevaría directo al lugar, mientras que el ambiente festivo me hacía recordar que no era un día cualquiera en la ciudad. El sol de la tarde emergió detrás de una cortina de doradas nubes y pude contemplar aquella mole, aquellos muros bañados por los rayos del sol; había poca gente en el lugar y una banda de música se escuchaba a lo lejos. Cuando empezaba a dar la vuelta al gran círculo que rodea el teatro, me encontré con Katharina. «¿En qué otro lugar podía encontrar a una antropóloga?» pensé.

—Prefieres el lugar del imperio romano a la fiesta de los cristianos —le dije.

—Tornáronse los cristianos en paganos en nuestros tiempos —contestó.—Suplícote, oh reina, me digas si eres diosa o mortal. Si eres una de las hijas de los hombres que en la Tierra moran, sean tres veces bendecidos tu padre y tu madre —le dije.

—Veo que has leído a Homero —me contestó.—Mis lecturas me han llevado a recorrer en líneas los caminos de la esclavitud y su formación económica y social en la época del imperio romano.

—Todo cuanto ves y nos rodea aquí es digno de una gran y respetable obra, no sólo de un soberano, sino de la fuerza de trabajo de un pueblo y esclavos traídos de los confines del mundo de entonces, los llamados bárbaros —luego Katharina agregó—: los muros de este Coliseo, las montañas y la naturaleza que nos rodea siguen siendo los mismos; pero nosotros los hombres ya no somos los mismos, hemos hecho guerras, descubrimientos y conquistas y también hemos sido castigados con enfermedades y pestes y casi siempre la historia se repite.

Estábamos parados frente al Coliseo con nuestra conversación, cuando vimos que una familia pasaba comiendo helados de diferentes sabores y colores. «Katharina, es un pecado no comer un helado en Italia, vamos a probarlos». Y fue así como terminó la tarde, una tarde endulzada.

ASSISI

Finalizando nuestro camino, llegamos a Assisi y para nuestra sorpresa el refugio indicado estaba ubicado en el valle; un hotel a un par de kilómetros de la población, pero cercano a la estación del ferrocarril. Pernoctamos allí y al día siguiente temprano nos dirigimos al santuario.

Desde aquel valle en la región de Umbría podía verse el pueblo encaramado en una colina, a la izquierda las construcciones faraónicas que destacaban acariciadas por los rayos de sol, a cuyos pies una cortina de olivos verdeaba en un límpido amanecer. El camino embloquetado en piso de cerámica en un tono ligeramente rosado, nos llevaba directamente hacia la colina que trepaba sin curvas acompañada de flores que perfumaban los bordes del camino; el ambiente era impresionante, tal vez por las expectativas que nos acompañaban. La subida se hacía difícil y hasta extenuante. A media colina el camino era cruzado por una calle y poco a poco nos íbamos adentrando por las calles de la ciudad, una ciudad o pueblo cuyo propósito estaba orientado al recuerdo del Santo Francisco: tiendas, artesanías, uno y mil objetos para el recuerdo .

Detrás de un arco de piedra como portería, la calle desembocó en un amplio ambiente rodeado de arquerías; a la derecha se alzaban las construcciones de iglesias y monasterios. Preguntamos por las oficinas de los peregrinos y ya con nuestros flamantes certificados de completación que acreditaban el haber hecho el camino y peregrinaje. Algunas personas muy amablemente inquirieron acerca de nuestra experiencia, les contamos algunos pasajes y nos felicitaron. Algunos de ellos nos dijeron que no habían tenido tantas anécdotas y que la nuestra era una experiencia particular y que deberíamos contarlo y escribirlo. Ambos estábamos emocionados, con unas vibras y carga de oxígeno muy positivas para las vidas de Jorge y Merchedes.

Para esta última no era la primera vez que sentía esas sensaciones, ya antes había estado en Assisi como profesora con sus grupos de estudiantes y siempre la misma sensación, pero esta vez, con el camino se había hecho un peregrinaje espiritual.

Aún nos esperaban la Basílica y la Cripta de San Francisco. Sin ninguna guía en la mano nos dejamos llevar por el paso de la gente y encontramos el lugar donde se ofrecían toda clase de manualidades y artesanías, desde rosarios de perlas y otros hechos con conchas de mar, hasta las imágenes y estatuas del Santo. Entonces pudimos reconocer la misma faz y aquella mirada hacia el horizonte que ve más allá del común... Sin dudar tomamos unas fotos para recobrar la esperanza de que la estatua de este Santo en Tellería, Perú, sea restaurada nuevamente con la misma expresión.

Pasamos a la iglesia que había sido restaurada después de un terremoto en 1997. No hallo palabras para describir la arquitectura y todo el trabajo en cada detalle de frisos, columnas, alfeizares y arquerías; los frescos de Giotto, Pietro Lorenzetti, Pietro Cavallini, etc.

Las largas colas para pasar a los salones antiguos y la acústica de la iglesia hacían rebotar los cánticos entre velas encendidas y gente de todo el mundo.

Todo indicaba que se preparaba la ceremonia de una misa y Merchedes tomó asiento en una banca de la iglesia a la espera. Jorge se dio una escapada para ir al templo de Minerva, la diosa de la sabiduría que simboliza las artes y es protectora de Roma, cuyo templo tiene el estilo de la arquitectura de la antigua Roma, convertido actualmente en una iglesia católica: Santa Maria Sopra Minerva en 1539 y renovada en estilo barroco.

Encontrándonos nuevamente en la basílica, nos dirigimos a la cripta donde están los restos de San Francisco. Enterados de algunos detalles de su vida generosa y entregada al servicio de los pobres, habiendo pertenecido a una familia acomodada, donó todos esos bienes a los necesitados, en un ejemplo de generosidad de una persona que no tenía apego a lo material.

Después de apreciar el panorama desde un mirador hacia el valle, bajamos al pueblo y fuimos a un café, comimos algo para disfrutar de la gastronomía italiana y del lugar. Después de comprar algunos recuerdos para nuestras familias nos dirigimos hacia nuestro hotel, teniendo en mente a la bella Roma, que, como un imán, nos atraía para poner fin a esta experiencia inolvidable.

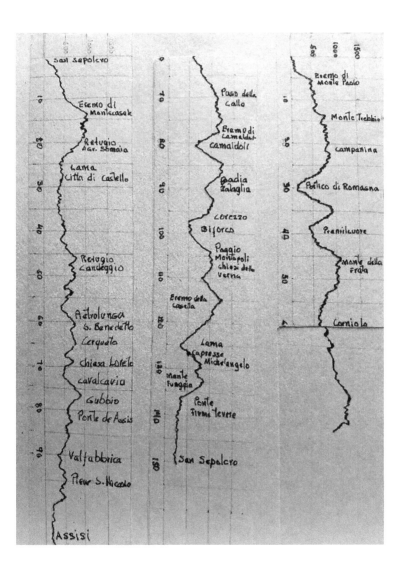

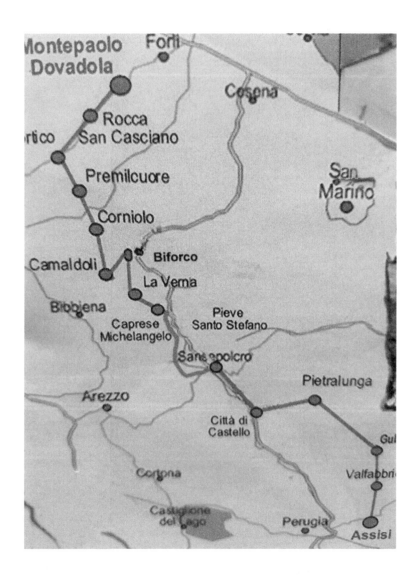

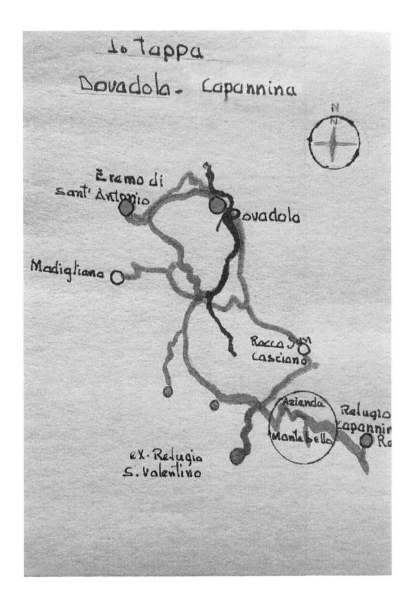

1ᵃ Tappa
Dovadola - Capannina

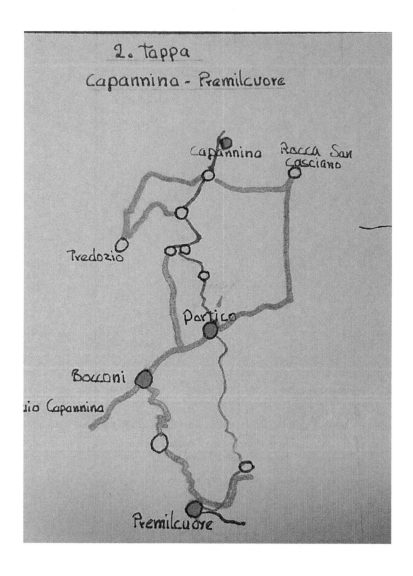

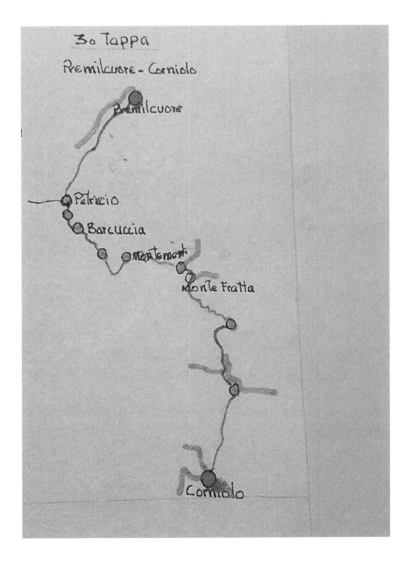

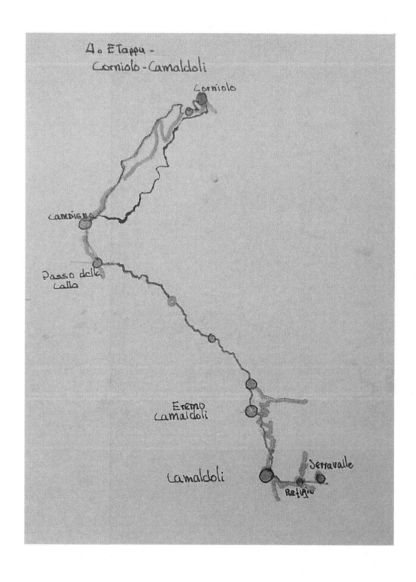

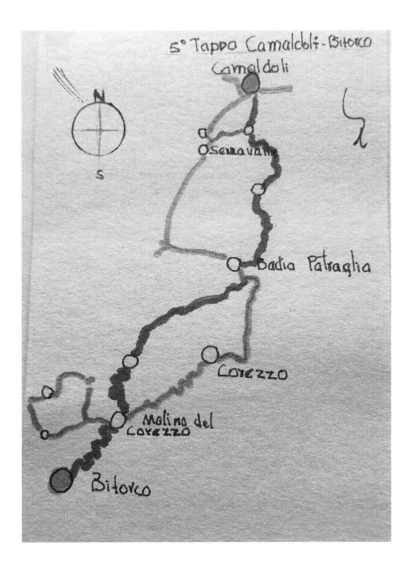

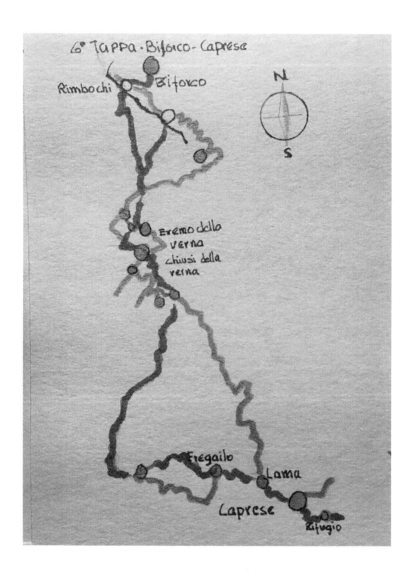

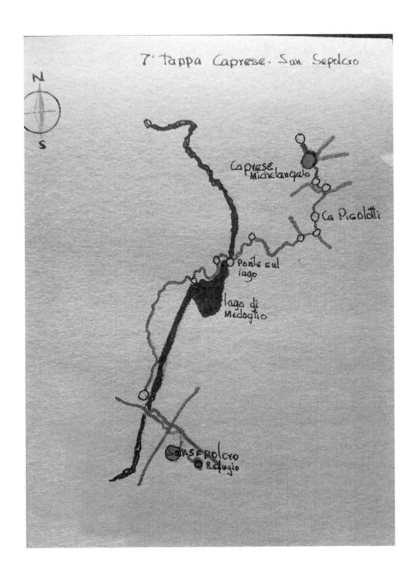

7ª Tappa Caprese - San Sepolcro

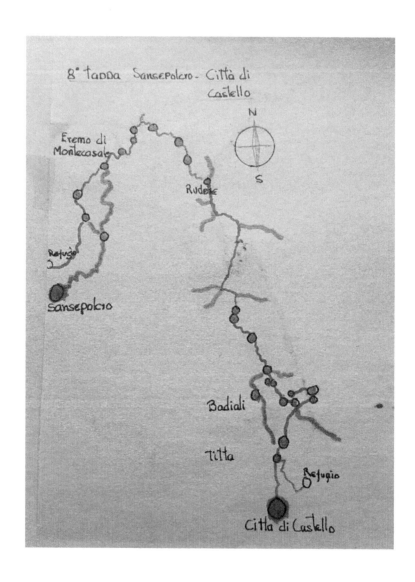

9 tappa / Città di Castello - Pietrolunga

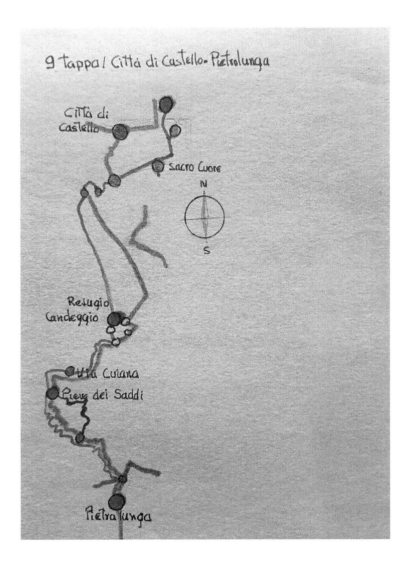

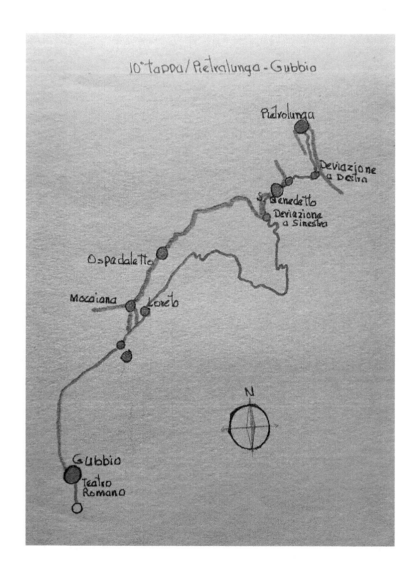

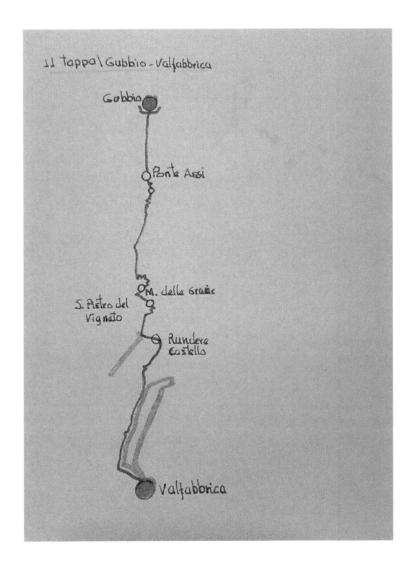

11 tappa\ Gubbio - Valfabbrica

Gubbio

Ponte Assi

M. della Grazie

S. Pietro del
Vignato

Rundera
Castello

Valfabbrica

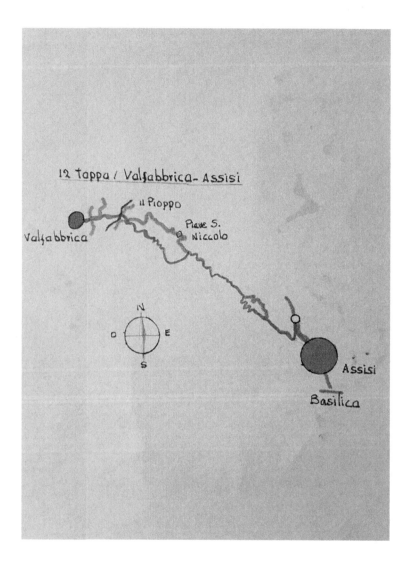